RECHERCHES

SUR

LA POSSESSION

A ROME

Sous la République et aux premiers siècles de l'Empire

PAR

Édouard CUQ

PROFESSEUR AGRÉGÉ A LA FACULTÉ DE DROIT DE PARIS
ANCIEN MEMBRE DE L'ÉCOLE FRANÇAISE DE ROME

PARIS

LIBRAIRIE
DU RECUEIL GÉNÉRAL DES LOIS ET DES ARRÊTS
ET DU JOURNAL DU PALAIS
L. LAROSE, ÉDITEUR
22, RUE SOUFFLOT, 22
1894

RECHERCHES

LA POSSESSION

A ROME

Sous la République et aux premiers siècles de l'Empire

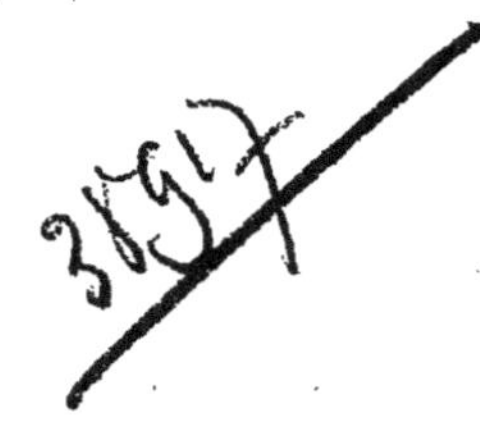

Extrait de la *Nouvelle Revue historique de droit français et étranger*
Janvier-Février 1894.

RECHERCHES

SUR

LA POSSESSION

A ROME

Sous la République et aux premiers siècles de l'Empire

PAR

Édouard CUQ

PROFESSEUR AGRÉGÉ A LA FACULTÉ DE DROIT DE PARIS
ANCIEN MEMBRE DE L'ÉCOLE FRANÇAISE DE ROME

PARIS

LIBRAIRIE

DU RECUEIL GÉNÉRAL DES LOIS ET DES ARRÊTS

ET DU JOURNAL DU PALAIS

L. LAROSE, ÉDITEUR

22, RUE SOUFFLOT, 22

1894

RECHERCHES

SUR

LA POSSESSION

A ROME

SOUS LA RÉPUBLIQUE ET AUX PREMIERS SIÈCLES DE L'EMPIRE.

Les deux études publiées à vingt ans d'intervalle par Ihering sur le *Fondement de la protection possessoire* et sur le *Rôle de la volonté dans la possession*, ont provoqué de nombreux travaux sur un sujet très complexe qui, de tout temps, a eu le privilège d'attirer l'attention des romanistes. Il n'est peut-être pas sans intérêt de déterminer quel est l'état de la question sur deux des problèmes qu'on a particulièrement envisagés : l'origine des interdits possessoires et la distinction des diverses espèces de possession. Dans le conflit des opinions qui se sont produites et qui ne sont pas toujours exemptes de parti-pris, on a plus d'une fois accepté, sans les contrôler, des arguments d'une valeur contestable, ou laissé dans l'ombre des points qui mériteraient d'être élucidés. Nous aurons soin de discuter les uns et de signaler les autres. Nous exclurons seulement de nos recherches les questions de métaphysique qui ont été souvent mêlées à l'étude de la possession, et qui doivent rester étrangères à une étude purement historique.

I.

Origine des interdits possessoires.

1. — En droit classique, la possession est une notion très générale qui s'applique aux choses corporelles, mobilières et immobilières, et qui a même été étendue aux choses incorporelles, telles que les servitudes, l'état des personnes. Elle est une des conditions requises pour l'acquisition de la propriété, soit par un mode du droit civil, comme l'usucapion, soit par des modes du droit des gens, comme l'occupation et la tradition, si bien qu'un jurisconsulte du temps de Néron a pu dire que la propriété a commencé par la possession (1).

Faut-il en conclure que la notion de la possession remonte à l'origine de Rome? A parler exactement, on ne peut dire que cette notion a existé avant le jour où la possession a été séparée de la propriété, où le possesseur a été reconnu et protégé comme tel (2).

Comment s'est opérée cette séparation, et comment les Romains ont-ils eu la pensée de protéger le possesseur? Telle est la question à résoudre. Elle est d'autant plus délicate que la protection possessoire est accordée au voleur, à l'usurpateur aussi bien qu'à celui qui possède de bonne foi, à titre de propriétaire. On l'accorde également au créancier gagiste, au précariste, au séquestre, tandis qu'on la refuse au fermier, au locataire, à l'usufruitier, au dépositaire, au commodataire. Peut-on ramener à une idée unique un assemblage de cas aussi hétérogènes, expliquer d'une façon rationnelle une série de règles aussi contradictoires? Meischeider a dit que si cette explication était possible, elle serait depuis longtemps trouvée (3). Pour lui, le problème est aussi insoluble que celui de la quadrature du cercle.

(1) Nerva fil. ap. Paul., 54 *ad Ed.*, D., XLI, 2, 1, 1.

(2) Ihering, *Ueber den Grund des Besitzesschutzes*, trad. de Meulenaere, p. 69.

(3) *Besitz und Besitzschutz*, p. 19.

Mais ces règles incohérentes ne pourraient-elles être expliquées historiquement? C'est de ce côté que se sont tournés les efforts de plusieurs romanistes, et que nous nous proposons de diriger nos recherches.

2. — Dans son acception première, le mot possession s'appliquait uniquement aux fonds de terre. Il désignait à la fois *la* possession et *une* possession. *Possessio,* dit Labéon (1), vient de *sedes.* C'est le fait de s'asseoir, de s'arrêter, de se fixer quelque part (*possessioni insistere*), ce qui ne peut guère s'entendre que d'un immeuble.

Festus (2) précise la signification du mot possession. Les possessions, dit-il, sont des champs (*agri*). Mais tous les champs ne sont pas des possessions : on réserve ce nom, dit Festus, aux *agri publici privatique* que l'on occupe sans recourir à la mancipation, mais à charge de les cultiver. Ce sont les parcelles du domaine public dont l'occupation fut, jusqu'à la loi Licinia, autorisée par l'État au profit des patriciens et moyennant une redevance. C'est l'*ager occupatorius.*

Le témoignage de Festus est confirmé par celui de Tite-Live (3) qui parle de *possessiones agri publici.* Il n'est pas contesté, d'ailleurs, que le mot possession ait désigné sous la République les parcelles du domaine public occupées par les particuliers (4).

L'emploi du mot possession fut étendu par l'usage aux terres appartenant en propriété aux simples particuliers. On disait : j'ai une possession, comme on aurait dit : j'ai un champ ou un fonds de terre (5). Pareillement, un colon disait : je suis sur la possession de Titius. On identifiait la possession avec la terre qui en était l'objet. Au dernier siècle de la République, lorsque la jurisprudence commença à distinguer les choses en corporelles et incorporelles, on réagit contre cet emploi abusif du mot possession. « La possession, dit Ælius Gallus (6), est l'usage d'un champ et non le champ lui-même.

(1) Ap. Paul., 54 *ad Ed.,* D., XLI, 2, 1 pr. Cf. Cic., *De off.,* II, 22.
(2) V° *Possessiones.*
(3) Lib. III, 53, 6.
(4) Voy. les textes cités par Ch. Giraud, *Recherches sur le droit de proriété chez les Romains,* p. 194.
(5) Arg. Æl. Gallus, ap. Fest., v° *Possessio.*
(6) *Ibid.*

On ne peut pas la ranger parmi les choses susceptibles d'être perçues par les sens. »

3. — A côté de cette première application du mot possession, on en trouve une seconde dans l'expression *bonorum possessio* qui figure dans l'édit du Préteur. Au lieu d'être restreint aux fonds de terre, le mot possession s'applique ici à un ensemble de biens, d'objets corporels.

Y a-t-il un trait commun à la possession d'une parcelle de l'*ager publicus* et à la *bonorum possessio?* Dans l'un et l'autre cas un citoyen établit son siège, là sur un champ, ici sur des objets corporels, ou plutôt au milieu d'eux (1). Dans l'un et l'autre cas, l'établissement, l'occupation ont lieu en vertu d'une autorisation donnée par le magistrat. Mais, tandis que dans la *bonorum possessio* l'occupation est la conséquence d'un décret, dans la possession de l'*ager publicus* elle a lieu en vertu d'une autorisation générale accordée sous forme d'édit.

4. — On ne s'en est pas tenu là et l'on a étendu l'application du mot possession à tous les cas où l'occupation d'une chose mobilière ou immobilière avait lieu en vertu d'une *causa*. Il y eût la *causa pro emtore, pro donato, pro legato, pro herede, pro dote, pro derelicto, pro suo*. Désormais, l'autorisation du magistrat cessa d'être indispensable pour constituer la possession. On se contenta, dans toute une série d'hypothèses, d'un acte émanant de simples particuliers et motivant l'occupation.

Les actes susceptibles de servir de cause à la possession, présentent un caractère commun : ils tendent à nous faire acquérir une chose qui n'était pas à nous. Telle est du moins la règle posée par Paul (2) : elle fut sans doute plus large à l'origine, sans quoi il n'y aurait pas eu concordance entre les *causæ* admises par la jurisprudence et celles de l'édit du Préteur. D'après le droit prétorien, il y avait possession dans le cas même où l'occupation avait eu lieu à titre conservatoire. La jurisprudence n'a pas dû se montrer plus exigeante, et nous aurons à constater que l'on a, pendant un certain temps, attribué la possession à de simples détenteurs (usufruitier, gagiste).

____

(1) *In bona ire* (Val. Max., VII, 7, 3). *In possessionem ire* (Cic., 2 in Verr. 1, 48, 125).

(2) 54 *ad Ed.*, D., XLI, 2, 3, 21.

On se borna à caractériser la possession d'une manière négative en disant qu'elle ne devait être infectée d'aucun de ces trois vices : violence, clandestinité, précaire.

En somme, sous la République, la possession s'appliqua d'abord aux parcelles du domaine public occupées par des particuliers, puis à des choses susceptibles de propriété privée et appréhendées en vertu d'un décret du magistrat ou d'une cause d'acquérir consacrée par la jurisprudence(1).

L'application du mot possession aux choses susceptibles de propriété privée fut-elle une simple affaire de langage, ou a-t-elle entraîné des conséquences au point de vue juridique? L'importance de plus en plus grande attribuée à la possession, dans la législation romaine, ne laisse aucun doute sur cette question. L'application du mot possession aux *res privatæ* a coïncidé avec la création, suivant les uns, avec l'extension, suivant les autres, des interdits possessoires. A partir d'une certaine époque, le Préteur a pris sur lui de protéger la possession des terres par les interdits *unde vi*, *de precario*, *de clandestina possessione*, *uti possidetis*, celle des esclaves par l'interdit *utrubi*. Il a étendu ensuite l'application de l'*uti possidetis* à la possession des maisons, celle de l'*utrubi* à la possession des meubles en général.

5. — Quelles raisons ont déterminé le Préteur à protéger la possession, à créer les interdits possessoires? La question de l'origine des interdits possessoires a suscité de vives controverses. On est d'autant moins près de s'entendre que le plus souvent on raisonne sur des hypothèses différentes. Si l'on commençait par dissiper les équivoques, on aurait fait un grand pas vers une solution. Avant tout, il faudrait déterminer d'une manière précise les interdits dont on cherche l'origine.

Qu'est-ce qu'un interdit possessoire? Les Romains réservent ce nom à l'interdit accordé au *bonorum emptor* (2). Les interprètes modernes au contraire comprennent sous cette dénomi-

---

(1) Cette conclusion est confirmée par un fragment d'un jurisconsulte de la seconde moitié du premier siècle , Javolenus : 4 Ep., D., L., 16, 115 : « Possessio ab agro juris proprietate distat; quidquid enim adprehendimus, α) cujus proprietas ad nos non pertinet, aut β) nec potest pertinere, hoc possessionem appellamus. »

(2) Gaius, IV, 146.

nation une série d'interdits relatifs à la possession. Mais tandis que Savigny (1) qualifie possessoires les interdits qui ont la possession pour fondement, c'est-à-dire les interdits récupératoires et conservatoires, Ihering (2) donne ce nom aux interdits qui contiennent un règlement provisoire entre les parties. Il retranche par conséquent de l'énumération de Savigny l'interdit *de precario*, mais il y ajoute les ·interdits *adipiscendæ possessionis*. D'autres enfin font remarquer que, dans la terminologie des jurisconsultes romains, les interdits conservatoires seuls protègent (*tueri*) la possession, tandis que les autres sont dirigés contre (*oppugnare*) l'état actuel de la possession (3).

Avec des points de départ si différents, comment pourrait-on se mettre d'accord sur l'origine des interdits possessoires? Il nous paraît donc indispensable de distinguer les diverses sortes d'interdits relatifs à la possession, ce qui s'applique aux uns pouvant ne pas convenir aux autres.

§ 1. — Interdits adipiscendæ possessionis.

6. — Sur les quatre interdits de cette espèce cités par Gaius, il en est trois qui doivent être écartés de notre examen, parce qu'ils ont été créés à une date récente : l'interdit *possessorium*, l'interdit *sectorium* et l'interdit Salvien n'apparaissent qu'à la fin de la République (4). Seul l'interdit *quorum bonorum* est antérieur à Cicéron. Ihering (5) prétend que cet interdit règle d'une manière provisoire les rapports des prétendants à l'hérédité et que celui qui succombe peut se pourvoir au pétitoire. Cette opinion pourrait être admise si l'interdit *quorum bonorum* comme la pétition d'hérédité avait trait à l'ensemble du patrimoine; mais elle est en contradiction avec les textes qui en restreignent l'application à la possession des corps héréditaires (6). Il faut même aller plus loin et recon-

---

(1) *Das Recht des Besitzes*, p. 382.
(2) *Op. cit.*, p. 63.
(3) Pflüger, *Die sogenannten Besitzklagen des röm. Rechts*, p. 150.
(4) Cf. Voigt, *Röm. Rechtsgeschichte*, I, 466, n. 7 ; 470, n. 29.
(5) *Op. cit.*, p. 62.
(6) Gaius, IV, 144. Paul, 20 *ad Ed.*, D., XLIII, 2, 2.

naître que l'interdit *quorum bonorum* s'appliquait précisément aux biens qui ne pouvaient être réclamés par la pétition d'hérédité. Qu'il s'agisse de la *pecunia* alors qu'elle était distincte de la *familia* (1) ou des possessions de l'*ager publicus* (2), il n'importe : le Préteur voulait prévenir les conflits résultant de la prise de possession de certains biens héréditaires par une personne sans titre. C'était une mesure de police destinée à maintenir le bon ordre dans la cité.

§ 2. — Interdits retinendæ possessionis.

7. — Beaucoup d'auteurs pensent que les interdits *uti possidetis* et *utrubi* ont pour fonction essentielle de déterminer le rôle des parties dans la revendication : ils auraient leur origine dans la procédure des *vindiciæ* qui, sous les actions de la loi, avait pour résultat de constituer un demandeur et un défendeur à la revendication (3). Lorsque les actions de la loi eurent fait place à la procédure formulaire, l'attribution des *vindiciæ* disparut. En cas de contestation sur le point de savoir qui devait avoir la possession et par suite qui jouerait le rôle de défendeur à la revendication, on engageait un débat préalable en sollicitant du Préteur l'interdit *uti possidetis* ou *utrubi*.

Si répandue que soit cette opinion, elle se heurte à des objections telles qu'on ne saurait expliquer le succès qu'elle a obtenu autrement que par l'influence d'Ihering qui lui a prêté l'appui de son autorité. Pour décourager ceux qui essaieraient de la révoquer en doute, en raison des conséquences qu'elle entraîne, Ihering affirme que toute tentative pour donner à ces interdits un autre point de départ, doit demeurer infructueuse (4). La question est, à son avis, tranchée par deux textes l'un de Gaius (5), l'autre d'Ulpien (6).

Ces textes indiquent-ils la cause qui, plusieurs siècles avant

(1) Edouard Cuq, *Les institutions juridiques des Romains*, t. Ier, p. 533, n. 4.

(2) Voigt, *Röm. Rechtsgeschichte*, I, 526.

(3) Gaius, IV, 94.

(4) *Op. cit.*, p. 72.

(5) IV, 148.

(6) 69 *ad Ed.*, D., XLIII, 17, 1, 2 et 3.

Gaius et Ulpien, fit pour la première fois proposer les interdits *retinendæ possessionis?* ou bien celle qui, à une date récente, sous Hadrien, avait motivé leur insertion dans l'Edit perpétuel? L'opinion dominante se prononce en faveur de la première hypothèse. « Le motif historique de l'introduction de ces interdits repose, dit Ihering (1), sur l'intérêt du règlement de la possession dans le débat qui concerne la propriété... Ce n'est pas la.pensée de placer sous l'égide du droit même les biens ravis ou volés qui a fait naître ces interdits, c'est l'idée réalisée déjà dans les *vindiciæ* de la procédure la plus ancienne, de régler provisoirement le rapport de propriété. »

8. — L'assimilation établie par Ihering entre la collation des *vindiciæ* et le débat sur la possession qui motive l'*uti possidetis*, est en contradiction avec les détails donnés par Gaius sur la nature des *vindiciæ* et sur la marche de la procédure dans l'action de la loi par serment.

Le débat sur la possession, tel que l'entendent Gaius et Ulpien, a pour but de fixer quel est celui des prétendants à la propriété qui jouira de l'avantage que confère la position de défendeur. Cet avantage consiste à dispenser de toute preuve celui qui joue le rôle de défendeur, tandis que son adversaire sera tenu de recourir à la revendication et de faire la preuve toujours difficile de son droit de propriété. S'il n'y réussit pas, il succombera, lors même que le demandeur serait hors d'état de justifier de sa propriété. Mais cela n'est vrai que sous le système formulaire parce que, dans cette procédure comme en droit moderne, les rôles respectifs des parties dans la revendication sont bien·distincts. Sous les actions de la loi, au contraire, la revendication est bilatérale : chacune des parties affirme respectivement son droit de propriété et. nie la prétention de l'adversaire ; il y a une *vindicatio* et une *contravindicatio*. Si, en fait, il y a, comme le dit Gaius, un possesseur et un demandeur, on ne saurait en conclure que la position des parties soit modifiée quant à l'obligation de prouver leur droit.

On objecte que l'attribution des *vindiciæ* confère un avantage réel : la chose litigieuse restera, dit-on, aux mains de

____

(1) *Op. cit.*, 72.

celui qui aura été constitué possesseur, par cela seul que son adversaire ne réussira pas à prouver qu'il est propriétaire, et bien qu'il ait lui-même échoué dans cette tentative. L'attribution des *vindiciæ* rompait l'équilibre entre les parties et procurait un avantage positif à celui en faveur duquel le Préteur s'était prononcé (1). Mais l'attribution des *vindiciæ* ne réglait la possession, Gaius l'affirme, que pour la durée du procès (*interim*). La sentence une fois rendue, celui qui avait obtenu les *vindiciæ* perdait le titre qui l'autorisait à garder la possession : en quoi sa situation différait essentiellement de celle qui résultait de l'*uti possidetis*. Cet interdit règle entre les parties la question de possession d'une manière définitive et, comme le dit Justinien (2), si le demandeur succombe au pétitoire, *remanet suo loco possessio.*

D'autre part, ceux qui soutiennent que l'attribution des *vindiciæ* conférait un avantage, sont forcés d'admettre que cette attribution n'était pas faite d'une manière arbitraire. Naturellement chacun des plaideurs devait prétendre à l'avantage qui en résultait. Mais en présence d'assertions contradictoires, comment le Préteur pouvait-il se décider? Il aurait été par la force des choses conduit à faire une enquête qui pouvait être longue et délicate. Par suite, la procédure aurait subi un temps d'arrêt : le récit de Gaius n'y fait pas la moindre allusion (3).

L'un des partisans de cette opinion (4) reconnaît que le temps manquait au Préteur pour se livrer à cette enquête. C'est pour cela, dit-il, qu'on sentit la nécessité de séparer l'examen de la possession de l'examen de la propriété et qu'on imagina pour ce règlement préliminaire de la possession l'interdit *uti possidetis.* Il n'en est pas moins certain qu'on est obligé d'admettre une période plus ou moins longue pendant laquelle le Préteur aurait dû se livrer à un examen que la marche de la procédure ne lui permettait pas de faire. Cela suffit pour montrer que cette hypothèse manque de fondement.

Aussi Ihering s'est-il bien gardé de donner prise à cette

(1) Machelard, *Théorie générale des interdits,* p. 179.
(2) *Inst.,* IV, 15, 4.
(3) Cf. Karlowa, *Röm. Rechtsgeschichte,* II, 318.
(4) Machelard, *op. cit.,* p. 180.

critique en acceptant l'idée d'un examen à faire par le magistrat. Le Préteur, dit-il (1), avait toute liberté d'action pour la collation des *vindiciæ* ; il attribuait la possession à qui il voulait, même au non-possesseur. Cette mesure conférait au possesseur seulement les avantages de fait de la possession, c'est-à-dire la jouissance de la chose : elle ne l'exemptait nullement du fardeau de la preuve, sans quoi le Préteur aurait exercé une influence dangereuse sur l'issue du procès.

Ihering réduit ainsi à fort peu de chose l'avantage que conférait l'attribution des *vindiciæ*. On peut même se demander si cet avantage est bien réel; il était en effet compensé par un très grave inconvénient : si celui qui obtenait les *vindiciæ* succombait, les risques résultant de la perte fortuite de la chose étaient à sa charge, et il devait payer le double de l'estimation. Il est donc permis d'affirmer qu'il n'y a pas de « rapport de succession historique » entre les interdits *retinendæ possessionis* et les *vindiciæ*. Ihering (2) reconnaît lui-même qu'il a dû se produire non seulement un changement de forme, mais une transformation essentielle de la chose. Autant dire que ce sont deux choses distinctes.

9. — Peut-on admettre tout au moins que les interdits *retinendæ possessionis* soient nés avec la procédure formulaire ? Une des conséquences de cette procédure fut, d'après certains auteurs, le dédoublement de la revendication et du même coup l'introduction de la règle *Actori incumbit probatio*. Le premier acte de tout procès sur la propriété fut alors le règlement des rôles et l'on fut ainsi conduit à décider d'abord la question de possession. C'est à quoi servirent les interdits et les actes qui s'y rattachent.

Cette manière de voir ne trouve aucun appui dans les documents parvenus jusqu'à nous. Rien ne prouve que la procédure formulaire, dans son application aux actions réelles, soit antérieure à la création de l'*uti possidetis*. Elle n'a été, à notre connaissance , usitée en matière réelle qu'à une époque assez tardive. Il n'y a pas d'exemple de formule pétitoire avant Cicéron (3), et encore cet exemple se rapporte-t-il à la procé-

(1) *Op. cit.*, p. 67.
(2) *Ibid.*, p. 70 et 71.
(3) *In Verr.*, II, 10, 31.

dure dans les provinces. Les autres exemples les plus anciens appartiennent aux dernières années de la République ou au début de l'Empire (1).

Il y a plus : si les interdits *retinendæ possessionis* avaient été imaginés pour fixer le rôle des parties dans la revendication, ils auraient dû avoir, à l'origine, une portée générale et s'appliquer aux maisons aussi bien qu'aux fonds de terre, aux meubles aussi bien qu'aux immeubles. Or il est certain que la formule primitive de l'*uti possidetis* ne visait que les fonds de terre (*fundus* (2), *locus* (3)), de même que celle de l'*utrubi* ne visait que les esclaves. Un passage de Cicéron (4) prouve qu'en 685 il n'y avait pas encore dans l'album du Préteur une formule promettant l'*uti possidetis* pour les maisons : il fallait un décret spécial. La notion de la possession est pour la première fois, à notre connaissance, appliquée aux maisons dans un passage d'Ælius Gallus (5). Quant à l'*utrubi*, il n'est mentionné, sous la République, que dans un texte de Plaute (6) relatif à la possession d'une esclave. Pétrone (7) le premier fait allusion à l'existence d'un interdit applicable aux meubles autres que les esclaves. Si donc les interdits *retinendæ possessionis* avaient eu pour but dès l'origine de régler le rôle des parties dans la revendication, il y aurait là, quant aux maisons et quant aux meubles autres que les esclaves, une lacune inexplicable.

Il faut d'ailleurs remarquer qu'il n'y a pas trace dans les textes antérieurs à Gaius de l'application de l'*uti possidetis* signalée dans ses commentaires. Tous les textes que nous avons supposent que le débat au possessoire est indépendant du pétitoire (8). La formule même de l'interdit ne fait pas la

---

(1) Alf., 6 et 3 Dig., D., VI, 1, 57 et 58. Trebat. ap. Pomp., 21 *ad Ed.*, D., VI, 1, 33.

(2) Æl. Gall. ap. Fest., v° *Possessio*.

(3) Front., 44, 4. Cf. Ulpien qui explique le sens des mots *fundus, locus* dans son 69e livre *ad Edictum*, consacré à l'*uti possidetis*.

• (4) *Pro Cæcina*, 13, 36.

(5) Ap. Fest., v° *Possessio*.

(6) *Stich.*, V, 4, 14.

(7) Sat., 13.

(8) Cic., *De orat.*, I, 10, 41. Front. 2 *De contr.*, 44, 4. Quintil., III, 6, 71 ; VII, 5, 3. Cic., *p. Mur.*, 12. Cf. Voigt, *Röm. Rechtsgeschichte*, I, 752.

moindre allusion ni à la revendication, ni au règlement du rôle des plaideurs dans le procès au pétitoire (1). Pourquoi le Préteur aurait-il donné une portée générale à un interdit qui, au moins dans le principe, n'aurait servi qu'à préparer le débat au pétitoire? S'il avait eu la pensée que semblent lui prêter Gaius et Ulpien, il lui aurait suffi pour atteindre son but d'organiser une *cognitio* préjudicielle comme dans la *vindicatio libertatis* (2). Aussi les auteurs qui se sont le plus récemment occupés de la question, se sont-ils nettement prononcés contre cette manière de voir (3). Ils s'accordent à reconnaître que les passages de Gaius et d'Ulpien indiquent simplement la raison d'être des interdits conservatoires depuis qu'ils ont reçu la portée générale que leur attribuent ces jurisconsultes.

10. — L'*uti possidetis* a dû être créé pour trancher les contestations auxquelles donnait lieu la possession des terres en dehors de tout débat sur la propriété. Pendant longtemps l'action de la loi par serment suffit à sauvegarder les intérêts des propriétaires fonciers. Sous le régime de la propriété familiale, alors que la terre restait dans la famille dont elle portait le nom (4), les contestations devaient être rares, la preuve de la propriété facile à fournir. Les magistrats n'étant pas surchargés d'affaires, on devait obtenir prompte justice. Qui aurait été assez hardi pour substituer à une action dont les rites avaient été réglés par les pontifes une procédure d'un caractère profane et découlant de l'*imperium* du magistrat?

Il en fut autrement lorsqu'après la sécularisation du *sacramentum* les Préteurs eurent la haute main sur l'administration de la justice. En même temps, la disparition du régime de la propriété familiale, qui fit place au régime de la propriété individuelle, rendit plus fréquentes les mutations de propriété. On s'habitua à voir les fonds de terre changer de maîtres et, après plusieurs mutations successives, souvent au

---

(1) Cf. Bruns, *Die Besitzklagen des röm. u. heut. Rechts*, p. 24.

(2) Bruns, *ibid.* Klein, *Sachbesitz und Ersitzung*, p. 174.

(3) Meischeider, *Besitz und Besitzschutz*, p. 19. Maschke, *Der Freiheitsprozess*, p. 113. Klein, *op. cit.*, p. 122. Voigt, *op. cit.*, I, p. 383. Karlowa, *Röm. Rechtsgesch.*, II, 318.

(4) Cf. Edouard Cuq, *Institutions juridiques des Romains*, t. Ier, p. 85.

profit de personnes habitant au loin et qui exploitaient le sol par l'intermédiaire de colons ou d'esclaves, il devint difficile de faire la preuve du droit de propriété : le témoignage des tiers manquait de précision. Les gens peu scrupuleux en profitèrent pour arrondir leurs domaines aux dépens d'autrui. Le mode de procéder qui avait été bon à une époque où les membres de chaque tribu appartenaient à un petit nombre de familles, parfois à la même *gens*, devint insuffisant lorsque par suite de l'accroissement considérable de l'État, on acheta des terres dans des régions éloignées de Rome. Les distances étant plus grandes, les preuves étaient moins aisées à fournir; le nombre des citoyens ayant beaucoup augmenté, l'organisation de l'instance était retardée par l'affluence des plaideurs (1). Il était à craindre que les prétendants à la possession ne fussent tentés de se faire justice à eux-mêmes (2). C'est sans doute en raison de ces circonstances que fut créé l'*uti possidetis*. Il parut nécessaire au Préteur de protéger celui qui avait une possession non vicieuse à l'égard de son adversaire, sans attendre qu'un débat sur la propriété fût ouvert entre les parties. Les plaideurs trouvèrent dans cette innovation l'avantage de pouvoir obtenir justice en tout temps, même en dehors des sessions (3).

11. — De quelle nature étaient les contestations susceptibles de donner lieu à l'*uti possidetis?* L'intervention du Préteur a-t-elle pour but de prévenir ou de réprimer un acte de violence? C'est une question discutée et qui ne pouvait guère être élucidée avant la recension du manuscrit de Gaius. Un passage (4) que Studemund a déchiffré démontre que, dans l'*uti possidetis* comme dans l'interdit *quorum bonorum*, comme dans les interdits récupératoires, le Préteur a voulu prévenir une cause de trouble pour la cité : l'*uti possidetis* a pour but de mettre fin à un conflit matériel qui s'est élevé entre deux prétendants à la possession. C'est là un point qui a été établi d'une façon décisive par mon savant collègue, M. Saleilles,

(1) Gell., XX, 10.

(2) Theophil., *ad Inst.*, IV, 15 pr.

(3) Le débat au possessoire avait le caractère d'un *judicium extraordinarium*. Cf. Karlowa, *Röm. Rechtsgesch*, II, 319.

(4) Gaius, IV, 170.

dans un article récent dont les lecteurs de la *Revue* (1) n'ont pas perdu le souvenir.

L'*uti possidetis* ne sert pas, comme le croyait Savigny, à faire obtenir réparation d'un trouble déjà réalisé. Ce n'est pas une action délictuelle tendant à réprimer la violation d'un droit. L'*uti possidetis* contient une défense qui vise l'avenir : c'est un avertissement. Qui refuse de s'y conformer encourt la sanction établie par l'Édit. Ce que Savigny ignorait, ce que la recension du manuscrit de Vérone est venue nous apprendre, c'est que, l'interdit une fois rendu, l'instance subit un temps d'arrêt qui se prolonge jusqu'à la réalisation du *vim facere* prévu dans l'interdit.

Mais pour que le Préteur accorde l'*uti possidetis*, il ne suffit pas d'alléguer la crainte plus ou moins fondée d'un trouble possessoire, il faut que ce trouble se soit manifesté par un conflit matériel, par des atteintes réciproques à la possession. En prononçant le *vim fieri veto*, le magistrat intervient en pacificateur ; il défend de continuer une lutte déjà commencée.

La raison qui a déterminé le Préteur à créer l'*uti possidetis* apparaît avec non moins d'évidence dans le cas où le débat au possessoire s'élève entre deux personnes qui n'ont ni l'une ni l'autre la détention matérielle. Dans ce cas où un conflit matériel serait impossible, il était d'usage de se rendre sur le fonds litigieux pour s'y livrer à un combat simulé afin de motiver de cette manière l'intervention du magistrat (*deductio quæ moribus fit*) (2).

En somme, l'*uti possidetis* est précédé et suivi d'un conflit matériel entre les prétendants à la possession. Le conflit qui précède est réel ou simulé, suivant que l'une des parties a ou n'a pas la possession matérielle. Le conflit qui suit est toujours simulé. Cette série de conflits s'explique aisément : puisqu'il s'agit d'une contestation sur la possession, il est naturel qu'elle se manifeste par des tentatives réciproques de prise de possession. .

12. — L'innovation consacrée par le Préteur eut son contre-coup sur la procédure de la revendication. Jusqu'alors, celui

(1) T. XVI, p. 245-313 : *La* controversia possessionis *et la* vis ex conventu *à propos de l'interdit* uti possidetis.

(2) Cic., *pr. Cæc.*, 7. Cf. Saleilles, *loc. cit.*, p. 295.

qui était actionné en revendication ne pouvait pas se contenter de nier le droit de son adversaire : il devait affirmer qu'il
était lui-même propriétaire. Mais du jour où la possession fut
protégée par un interdit, celui qui avait obtenu gain de cause
dans le débat au possessoire ne perdait pas sa possession
garantie par le magistrat, par cela seul qu'un tiers se préten-
dait propriétaire. Le Préteur ne lui retirait sa protection que si
le tiers faisait judiciairement reconnaître son droit de propriété. Il fallut dès lors imaginer une forme de revendication,
dans laquelle le demandeur seul affirmât son droit : ce fut
l'action réelle *per sponsionem* et plus tard la formule pétitoire (1). C'est ainsi que l'*uti possidetis* acquit une fonction
nouvelle : il servit à régler le rôle des parties dans la revendication. Celui qui, dans le débat au possessoire, avait obtenu
gain de cause, jouait dans le procès au pétitoire le rôle de
défendeur. Il en fut de même pour les contestations relatives
aux exclaves dans les cas où l'on avait eu recours à l'*utrubi* (2).

13. — A côté de l'*uti possidetis*, Gaius cite un second interdit *retinendæ possessionis* qui, dit-il, est relatif à la possession
des meubles : l'*utrubi*. Cet interdit diffère de l'*uti possidetis* en
ce qu'il ne tend pas essentiellement au maintien de l'état actuel
de la possession ; il sert également à faire recouvrer une possession perdue. Il ressemble à l'*uti possidetis* en ce que rien
dans sa formule ne donne à penser qu'il ait été créé en vue de
régler le rôle des parties dans le procès au pétitoire.

Pas plus que l'*uti possidetis*, l'*utrubi* ne paraît avoir eu, à
l'origine, une portée générale. Sa formule vise uniquement le
cas d'un esclave (3), et il y a tout lieu de croire qu'il n'eut pas,
sous la République, d'autre application. Celui des plaideurs
chez qui l'esclave avait été plus longtemps pendant l'année
écoulée, était autorisé à *servum ducere*. L'*utrubi* était primitivement un interdit *de servo ducendo*. Aussi, dans l'Édit est-il

_____

(1) Gaius, IV, 93.

(2) L'action de la loi par serment conserva son utilité soit en matière mobilière pour les meubles autres que les esclaves, soit en matière immobilière
pour les maisons. Elle subsista encore après la généralisation de l'*uti possidetis* et de l'*utrubi*, dans le cas où l'on n'avait pas engagé de débat au possessoire.

(3) Ulp., 72 *ad Ed.*, D., XLIII, 31, 1. Gaius, IV, 160.

classé non pas à côté de l'*uti possidetis*, mais à la suite des interdits *de homine libero exhibendo*, *de liberis exhibendis item ducendis*, *de liberto exhibendo*.

L'*utrubi* doit également être rapproché de plusieurs interdits qui ont trait à des objets mobiliers : *de glande legenda*, *de avulsis*, *de thesauro tollendo*, *de migrando*. Le propriétaire d'un chêne est autorisé à ramasser les glands que le vent a projetés sur le champ du voisin (1) ; le propriétaire de meubles entraînés par un débordement du Tibre sur le terrain d'autrui peut aller les reprendre (2) ; le propriétaire d'un trésor enfoui dans le fonds d'autrui a le droit de l'enlever (3) ; le locataire peut également retirer de la maison louée les meubles indûment retenus par le locateur (4).

La multiplicité de ces interdits mobiliers qui, à la rigueur, auraient pu être rattachés à un interdit général *retinendæ* ou *recuperandæ possessionis* prouve qu'à l'époque où ils furent créés, la notion de la possession des meubles n'était pas encore formée dans l'esprit des jurisconsultes. La formule de l'*utrubi* ne contient pas le mot possession ; les autres interdits ont également pour objet, non la possession, mais la chose (5). Or, nous verrons, que pendant longtemps, les Romains ont confondu la possession avec son objet.

14. — L'*utrubi*, dans son application primitive, diffère de quelques-uns des interdits mobiliers que j'ai cités, en ce que le Préteur ne se préoccupe pas de protéger le maître de l'esclave : celui-là obtient gain de cause qui a possédé l'esclave plus longtemps que l'adversaire dans l'année qui précède l'émission de l'interdit. Cette particularité s'explique par les circonstances qui paraissent avoir motivé la création de l'*utrubi*. Plaute fait allusion à cet interdit dans l'une de ses pièces (*Stichus*) dont la date se place entre 565 et 570, et l'on sait que le poëte citait volontiers dans ses comédies les dispositions législatives récemment promulguées. L'*utrubi* est, vrai-

---

(1) Ulp., 71 *ad Ed.*, D., XLIII, 28, 1 pr.
(2) Trebat., *ap.* Ulp., 53 *ad Ed.*, D., XXXIX, 2, 9, 1.
(3) Pomp., 18 *ad Sab.*, D., X, 4, 15.
(4) Ulp., 73 *ad Ed.*, D., XLIII, 32, 1 pr.
(5) Cf. Ihering, *op. cit.*, p. 65.

semblablement, de peu de temps antérieur à l'époque où fut composé le *Stichus.*

Cette observation nous permet de conjecturer les causes qui déterminèrent l'intervention du Préteur. Pendant la seconde guerre punique, nombre de cités avaient été prises par les Carthaginois, puis reprises par les Romains; les habitants avaient été vendus comme esclaves; leurs propres esclaves avaient été dispersés de tous côtés. La loi Fabia *De plagiariis* édicta des mesures pour rendre la liberté aux citoyens injustement détenus et pour faire rentrer les esclaves dans la maison de leur ancien maître (1). Mais la loi ne pouvait viser que celui qui retenait l'esclave de mauvaise foi (2). Or, la mauvaise foi n'était pas facile à prouver. Comment régler le conflit entre deux personnes prétendant avoir le droit, l'une de garder, l'autre d'emmener l'esclave? Le Préteur promit sa protection à celle qui avait eu l'esclave plus longtemps dans la dernière année.

L'*utrubi* eut pour fonction première de régler la situation des esclaves dont le maître était incertain. On ne voulait pas dépouiller celui qui, dans la dernière année, avait gardé chez lui l'esclave plus longtemps que l'adversaire. Celui-ci, sans doute, pouvait demander à prouver qu'il était propriétaire de l'esclave, mais, aux époques troublées, la preuve devait être souvent difficile.

L'*utrubi* était également fort utile pour reprendre les esclaves fugitifs. Aux derniers siècles de la République, la rigueur de certains maîtres décida plus d'une fois leurs esclaves à prendre la fuite. On ne songea pas à étendre ici l'application de l'*uti possidetis*, parce que la notion de la possession était encore très étroite. D'autre part, il eût été inique de forcer le maître à agir en revendication et le possesseur actuel à défendre à cette action. L'*utrubi* fournit un moyen plus expéditif et plus simple (3).

(1) Cf. Edouard Cuq, *Institutions juridiques des Romains*, t. Ier, p. 587.
(2) *Collat. leg. mos.*, XIV, 3, 5.
(3) Sous l'Empire, pour faciliter la preuve du droit de propriété, l'usage s'introduisit de marquer l'esclave aux mains ou aux pieds, souvent même au front avec un fer rouge; ou bien encore on lui mettait, comme à un chien, un collier indiquant le nom du maître.

La situation particulière, faite aux possesseurs d'esclaves, grâce à l'*utrubi*, permet de comprendre une distinction qui s'est maintenue jusqu'en droit classique entre les esclaves et les autres meubles au point de vue de la perte de la possession. « Nous conservons, dit Nerva le fils (1), la possession des meubles, les esclaves exceptés, tant qu'ils restent sous notre garde. » Lorsque l'*utrubi* eut été étendu à tous les meubles et que la notion de la possession eut été généralisée, on aurait dû pareillement supprimer la distinction, quant à la perte de la possession. La force de l'habitude, jointe à des avantages pratiques, la fit conserver, mais les jurisconsultes classiques sont très embarrassés pour la justifier. On peut dire qu'il y a autant d'explications que d'auteurs (2). Ces divergences prouvent que la règle était établie bien avant qu'on eût songé à l'expliquer. La situation faite aux possesseurs d'esclaves était tout simplement la conséquence de la faculté que leur accordait le Préteur de reprendre l'esclave aux mains des tiers pendant un certain délai. Cette faculté n'ayant pas été pendant longtemps étendue aux possesseurs d'autres objets mobiliers, la jurisprudence en conclut que la possession des esclaves se perdait moins facilement que celle des autres meubles.

L'extension de l'*utrubi* aux meubles autres que les esclaves fut admise, au plus tard, au milieu du premier siècle. Deux textes, l'un du temps de Néron (3), l'autre du temps de Vespasien (4) en fournissent la preuve.

15. — La restriction que nous venons d'établir quant à la portée primitive de l'*utrubi* donne lieu à une objection. Comment, dira-t-on, la notion de possession ne s'appliquerait-elle pas, sous la République, aux meubles, alors qu'on rencontre, dès le temps des XII Tables, une institution applicable aux meubles aussi bien qu'aux immeubles et qui a pour fondement la possession, l'usucapion? Il est certain qu'en droit

---

(1) Ap. Paul., 54 *ad Ed.*, D., XLI, 2, 3, 13. Cf. Pap., 28 *Quæst.*, 47 *eod.*

(2) Jul., ap. Ulp., 39 *ad Sab.*, D., XLVIII, 2, 17, 3. Gaius, 26 *ad Ed. prov.*, D., XLI, 2, 15. Pap., 47 *eod.* Ulp., 72 *ad Ed.*, 13 pr. *eod.*

(3) Petron., *Sat.*, 13.

(4) Pegas., ap. Ulp., 16 *ad. Ed.*, D., VI, 1, 9.

classique l'usucapion a pour fondement la possession (1), mais
il n'en est pas de même dans l'ancien droit. La loi des XII
Tables parle d'*usus* et non de possession : ce sont là deux
choses différentes. L'*usus*, c'est le fait de se servir d'une chose
conformément à sa destination; la possession n'implique nullement la nécessité de faire usage de la chose (2).

L'*usus* diffère de l'usucapion du droit classique par son but,
par les conditions auxquelles il est subordonné, par ses cas
d'application.

1° L'*usus* faisait indirectement acquérir la propriété d'une
chose à laquelle le propriétaire était présumé avoir renoncé
par suite de sa négligence à en user. La propriété, aux yeux
des Romains des premiers âges, tirait sa légitimité de son
affectation aux besoins de la famille. Si le propriétaire cessait
de cultiver son champ, pourquoi empêcher son voisin d'en
tirer profit? Pourquoi conserver quand même au propriétaire
un droit qui lui est inutile? Si pendant deux ans il pouvait
suffire aux besoins de sa famille sans avoir recours aux produits
de ce champ, son droit ne méritait plus la garantie des curies.
La faculté d'usucaper un fonds de terre était une prime accordée à celui qui cultivait le champ délaissé par le propriétaire (3). La tendance politique et sociale de l'usucapion ainsi
comprise ne saurait nous échapper : c'était une sorte de transaction entre le droit du propriétaire et les revendications des
citoyens de la même *gens* qui étaient dans le besoin. C'était
une institution de bienfaisance. Tout au contraire, l'usucapion
de l'époque classique est fondée sur un principe négatif, sur
la négligence prolongée du propriétaire : elle n'exige de la
part de l'acquéreur ni un besoin, ni un usage de la chose,
mais uniquement la possibilité d'en user.

2° L'*usus* n'implique ni juste titre, ni bonne foi; il suffit qu'il
ne soit entaché d'aucun des trois vices de violence, de clandestinité, de précaire (4). L'*usus* renferme un élément distinct

(1) La possession apparaît comme fondement de l'usucapion dans une décision de Trebatius (ap. Pomp., 32 *ad Sab.*, D., XLI, 10, 4 pr.).

(2) Arg. Pap., 23 *Quæst.*, D., XLI, 2, 44 pr.

(3) Edouard Cuq, *Institutions juridiques*, I, 250.

(4) Arg. Ulp., 53 *ad Ed.*, D., VIII, 5, 10 pr.

de la possession et tout aussi essentiel, car la perte de cet élément fait obstacle à l'usucapion. Et, en effet, l'*usurpatio* qui détruit l'effet de l'*usus* ne résulte pas uniquement de la perte de la possession : elle peut aussi résulter d'un acte qui démontre la volonté de l'ancien possesseur de prendre soin de la chose, par exemple émonder un arbre (*surculum defringere*).

3° L'*usus* diffère de l'usucapion classique par la multiplicité de ses applications : il n'a pas seulement pour effet de mettre celui qui peut l'invoquer à l'abri de toute revendication, il fait aussi acquérir la qualité d'héritier à celui qui, pendant un an, a usé des choses héréditaires comme l'aurait fait un héritier. Il fait même acquérir la *manus* sur la femme mariée, et Gaius (1) montre bien qu'il ne s'agit pas ici d'une possession proprement dite : « *Velut* annua possessione usucapiebat. »

Donc, autre chose est l'*usus*, autre chose la possession. Pendant plusieurs siècles, le mot possession et le mot *usus* se sont appliqués à des choses différentes : l'*usus* aux meubles aussi bien qu'aux immeubles, aux femmes mariées aussi bien qu'à l'hérédité. Le mot possession ne convenait qu'aux fonds de terre; on l'a étendu à tous les immeubles et enfin aux meubles.

§ 3. — Interdits récupératoires.

16. — Les interdits qui tendent à faire recouvrer la possession sont les interdits *unde vi, de precario, de clandestina possessione*. De ces trois interdits le premier remonte à une époque très ancienne. Cicéron dit qu'il existait *apud majores* (2). Le second était connu de Labéon (3) et de Sabinus (4). Quant au troisième, un seul texte de Julien y fait allusion (5). L'un et l'autre, cependant, furent créés à une date antérieure car, déjà au temps de Térence (6), la violence, la clandestinité, le

(1) I, 111.
(2) *P. Tull.*, 44.
(3) Ap. Ulp., 72 *ad Ed.*, D., XLIII, 26, 8, 1 et 7. Ap. Venul., 3 *Interd.*, D., *eod.*, 22, 1.
(4) Ap. Ulp., *eod.*, 8, 1.
(5) Ap. Ulp., 20 *ad Ed.*, D., X, 3, 7, 5.
(6) *Eun.*, I, 4, 27.

précaire étaient considérés comme des vices de la possession.

Mais est-il juste de conclure de la mention des trois vices de la possession dans Térence à l'existence des interdits correspondants? Ne pourrait-on pas simplement conclure à l'existence de l'exception *vitiosæ possessionis* qui figure dans les interdits *uti possidetis* et *utrubi*? La question revient à savoir si les interdits *retinendæ possessionis* sont antérieurs aux interdits récupératoires. Tout porte à croire que les derniers, spécialement l'interdit *unde vi*, sont plus anciens.

17. — Il y a d'abord, pour l'*unde vi*, le témoignage de Cicéron. Puis le premier besoin auquel le Préteur a dû pourvoir, c'était de faire réintégrer celui qui avait été expulsé par violence. Il fallait avant tout, dans l'intérêt de l'ordre public, empêcher celui qui avait été expulsé de céder à son ressentiment et de recourir à la force pour se faire justice. Il y avait là pour le Préteur un motif d'intervention bien plus pressant que lorsqu'il s'agissait de prévenir un trouble ou de trancher un débat au possessoire.

A côté de cette raison générale, il en est une autre qui, à mon avis, suffirait à elle seule à prouver que l'*uti possidetis* est moins ancien que l'*unde vi* : c'est l'existence, dans la formule de l'*uti possidetis*, de la clause relative aux vices. La composition de cette clause est étrange : pourquoi traiter le précaire comme un vice de la possession à l'égal de la violence et de la clandestinité? La possession obtenue à précaire est régulièrement acquise en vertu d'une convention intervenue entre les parties. Comment a-t-on pu mettre ce cas sur la même ligne que celui où la possession est acquise d'une façon illicite, clandestinement ou par violence (1)? D'autre part, la clause relative aux vices contient une lacune bien surprenante : elle ne mentionne pas le dol dont on aurait fait usage pour acquérir la possession. N'est-ce pas cependant un vice aussi grave, plus grave même que celui de clandestinité (2)?

Ces singularités prouvent, tout au moins, que le Préteur n'a pas été inspiré, dans la rédaction de cette clause, par des raisons de principe. On tenterait vainement de la justifier.

(1) Cf. Klein, *Sachbesitz*, p. 102.
(2) Cf. Ihering, *op. cit.*, p. 94.

La juxtaposition d'éléments hétérogènes, l'omission de faits non moins dangereux que ceux qui ont été prévus, ne peut s'expliquer qu'historiquement. En délivrant l'*uti possidetis*, le Préteur manifeste sa volonté de protéger l'état actuel de la possession contre toute attaque de celui des prétendants qui n'aurait pas la possession au jour de l'émission de l'interdit. Mais si ce prétendant était dans le cas d'invoquer un des interdits récupératoires promis par le Préteur, on se serait trouvé en présence, d'une part, d'un ordre de maintenir, d'autre part d'un ordre de restituer la possession, ce qui eût été contradictoire. Pour éviter ce résultat, il était nécessaire d'insérer dans la formule de l'*uti possidetis* une clause qui en exclût l'application dans le cas où l'un des prétendants à la possession avait droit aux interdits récupératoires.

18. — L'insertion dans l'*uti possidetis* de la clause relative aux vices prouve donc l'antériorité des interdits récupératoires, sinon on ne comprendrait ni la rédaction singulière de cette clause, ni la création ultérieure des interdits récupératoires. Sur ce dernier point, on a répondu que l'*uti possidetis* suffisait dans le principe à atteindre les buts divers pour lesquels on a créé plus tard des interdits spéciaux. C'était un interdit récupératoire ou conservatoire suivant qu'il était ou non exercé contre une personne possédant *vi, clam* ou *precario* vis-à-vis du requérant. La création des interdits récupératoires ne serait qu'un perfectionnement de l'*uti possidetis*, au moins pour le cas où celui-ci fait recouvrer la possession. Ces interdits permettraient d'obtenir la restitution plus simplement et plus complètement (1).

Il ne me paraît pas qu'en créant ces interdits, le Préteur ait voulu perfectionner la procédure. L'*uti possidetis* n'implique pas un ordre de restituer, mais une défense de faire violence à l'ex-possesseur qui veut reprendre sa chose (2); c'est là un résultat compliqué qu'on n'a certes pas eu en vue lorsqu'on a créé cet interdit (3). Les Romains n'ont pas d'ailleurs l'habitude de créer de nouveaux moyens de procédure là où ils peuvent

---

(1) Accarias, *Précis*, II, p. 1233 et 1244. Pflüger, *op. cit.*, p. 90.
(2) Venul., 1 Interd., D., XLI, 2, 52, 2.
(3) Cf. Kuntze, *Excurse*, II, p. 489. Karlowa, II, p. 323.

arriver à leurs fins avec les moyens existants. Je crois donc que les interdits récupératoires étaient déjà créés lorsque le Préteur proposa l'*uti possidetis*.

Je crois aussi que la clause relative aux vices n'eût, dans le principe, que la valeur d'une exception. Il en fut autrement lorsque la formule de l'*uti possidetis*, rapportée par Festus, eut subi les remaniements attestés par Gaius et Ulpien. Anciennement, la formule était double; elle contenait : 1° l'ordre de maintenir l'état actuel de la possession; 2° la défense de troubler cet état. La formule nouvelle est simple : elle se borne à défendre de troubler l'état actuel de la possession. De plus, la clause relative aux vices ne se présente plus sous forme d'exception : elle caractérise l'état de la possession que l'interdit défend de troubler. Dès lors, l'interdit put faire fonction d'interdit récupératoire (1). Mais, en pratique, on continua à faire usage des interdits spéciaux qui offraient quelques avantages particuliers. Ces avantages, suffisants pour expliquer la persistance d'interdits déjà établis, ne sauraient à eux seuls en justifier la création.

19. — J'ai supposé jusqu'ici que l'interdit *de precario* était récupératoire et antérieur à l'*uti possidetis*. Ces deux points ont été contestés par Ihering. Il admet avec tous les auteurs que le précaire fut primitivement la forme de la concession des terres faite par le patron à son client, mais il prétend qu'un interdit était impossible eu égard au rapport qui existait entre ces personnes. « Le client ne pouvait ester en justice; le patron le faisait pour lui; il ne pouvait donc être question d'une action du patron contre le client. Puis l'interdit eût-il été possible qu'il eût été inutile dans la pratique; le cas du client récalcitrant n'était pas plus à prévoir que celui de la révolte d'un esclave ou d'un fils de famille : le patron était toujours en mesure de briser la résistance (2). »

La question de savoir si un interdit était possible dans les rapports de patron à client doit, à mon avis, être résolue par une distinction d'époques. Ce que dit Ihering est vrai aux premiers siècles, mais en généralisant, il a méconnu le change-

(1) Cf. Klein, 113. Karlowa, II, 345.
(2) Ihering, *Der Besitzwille,* trad. de Meulenaere, p. 334.

ment profond qui s'est produit d'assez bonne heure dans les
rapports de patron à client. Ce changement eut pour conséquence le relâchement progressif du lien qui les unissait et
pour résultat final l'émancipation du client. Lorsque la loi pro-
tégea le client contre l'avarice du patron, il parut équitable au
Préteur de protéger le patron contre le client ingrat qui élevait
la prétention de garder la terre qu'il devait à la bienveillance
de son patron. Ihering objecte que le client ne saurait prétendre
à un droit contre son patron. C'est précisément la raison pour
laquelle on a créé un interdit : l'interdit apparaît là où il n'y
a pas de droit proprement dit (1).

L'interdit *de precario* est donc récupératoire comme l'*unde
vi* (2). Il a pour objet une restitution (3), et il est motivé par
un acte de nature à provoquer la colère de l'ayant-droit. Mais,
dit Ihering (4), on ne le cite nulle part parmi les interdits
récupératoires, et ce n'est pas un pur hasard, car il manque
du caractère essentiel des interdits possessoires : il ne suppose
pas nécessairement la possession en la personne du concédant.
Ihering n'a pas pris garde que le fragment de Julien qu'il
invoque (5), se rapporte au précaire du droit classique : ce
précaire a pour objet non pas une parcelle du domaine public,
mais une chose dont le bailleur est propriétaire (*res sua*) (6).

20. — Si les interdits récupératoires sont plus anciens que
les interdits *retinendæ possessionis*, à quelle sorte de biens
étaient-ils applicables? En recherchant l'origine de l'*uti possidetis*, nous avons établi que, pendant longtemps, l'action de la
loi par serment suffît aux besoins des justiciables pour la pro-

(1) Edouard Cuq, *Instit. jurid. des Romains*, I, 675-676.
(2) Cf. J. E. Labbé, sur Machelard, *Dissertations de droit romain*, p. 98.
(3) Ulpien, 72 *ad Ed.*, D., XLIII, 26, 8, 4.
(4) *Besitzesschutz*, trad., p. 89.
(5) Jul., 13 Dig., D., XLIII, 26, 18.
(6) C'est également au précaire du droit classique que se rapporte Ulp.,
71 *ad Ed.*, D. XLIII, 26, 4, 3, qui permet d'opposer à l'interdit *de precario*
l'exception de propriété. Ces deux règles peuvent d'ailleurs se justifier même
au point de vue du droit classique. Cf. J. E. Labbé, *loc. cit.*, p. 100 et 101.
Ihering invoque également Pomp., 29 *ad Sab.*, D., XLIII, 26, 15, 3, combiné
avec Marcellus, 19 Dig., D., XLIII, 16, 12. Mais l'exclusion de l'interdit *de
precario*, au cas d'une stipulation de restitution, tient à ce que la raison qui
a fait introduire l'interdit *de precario* n'a plus ici d'application. Cf. Edouard
Cuq, *op. cit.*, I, 676.

tection de la propriété quiritaire. Les interdits récupératoires
ont dû, par conséquent, être proposés pour une catégorie de
biens à laquelle ne s'applique pas l'action de la loi.

D'après une opinion, indiquée déjà par Alciat et Brisson et
qui a été reprise au commencement du siècle par Niebuhr,
puis adoptée par Savigny, Ch. Giraud et Rudorff et, dans ces
dernières années, par MM. Dernburg (1) et Voigt (2), les interdits possessoires furent établis par le Préteur pour protéger
ce qu'on appelait primitivement *une possession*, c'est-à-dire
des parcelles du domaine public occupées par des patriciens,
plus tard par des plébéiens aussi bien que par des patriciens.
On en étendit ensuite l'application aux propriétés privées.

L'acquisition d'une possession par voie d'occupation n'avait
rien de la précision que comportait le mode régulier d'acquérir la propriété quiritaire, la mancipation : on acquérait autant de terre qu'on en pouvait cultiver. Une règle aussi élas-
tique devait donner lieu à des contestations entre voisins. De
là pour le Préteur la nécessité d'intervenir dans l'intérêt de
l'ordre public. Mais cette intervention s'est-elle manifestée à
la fois par la création de l'*unde vi* et par celle de l'*uti possidetis*, comme le pensent les auteurs précités? Cela ne me paraît
pas démontré. La conjecture de Niebuhr s'appuie sur des raisons très solides, à mon avis, pour l'*unde vi*, et il y a tout
lieu de penser que les interdits récupératoires ont été d'abord
appliqués à l'*ager occupatorius*. Mais pour l'*uti possidetis*, les
arguments qu'on a produits ne sont pas décisifs; cet interdit
a pu être créé pour la protection de l'*ager privatus*, puis
étendu à l'*ager occupatorius*.

Sur tous ces points les avis sont partagés. La conjecture de
Niebuhr a été attaquée surtout par Ihering dont elle contra-
riait la théorie. Voyons comment on peut la justifier dans la
mesure qui vient d'être indiquée.

21. — Les *possessiones*, tout le monde en convient, n'ont pu
rester longtemps dépourvues de protection, et cette protection
n'a pu se manifester que sous forme d'interdits (3). Seul,

____

(1) *Entwicklung und Begriff des juristischen Besitzes d. R. R.*
(2) *Röm. Rechtsg.*, I, 382.
(3) Karlowa, II, 317.

Ihering l'a contesté (1). « Qu'est-ce que le peuple romain aurait dit si le Préteur s'était avisé de faire des dispositions sur les rapports de l'*ager publicus?* Tous les Romains, et en première ligne le censeur, lui auraient crié : ne vous mêlez pas de choses qui ne vous regardent point. C'est le censeur qui afferme l'*ager publicus* et c'est à lui, comme bailleur, qu'il incombe de protéger ses fermiers... Vous, vous décidez les contestations sur la possession des *res privatæ ;* quant à celles qui concernent les *res publicæ,* c'est le censeur qui les décide. » Ihering fait ici une confusion : ce qu'il dit est vrai de la jouissance de l'*ager publicus* concédée à un citoyen par le censeur sous forme de louage. Mais bien différente est la situation de celui qui occupe une parcelle de l'*ager publicus* en vertu d'une concession faite au profit de tous les citoyens indistinctement. Il y a là deux actes qu'il ne faut pas confondre : autre est la situation d'un fermier, autre celle de l'occupant.

Ihering reconnaît d'ailleurs qu'à une certaine époque, le Préteur est intervenu dans les débats soulevés par l'affermage des terres publiques : il aurait, suivant lui, créé à cet effet l'interdit *de loco publico fruendo.* « Il y a là, dit-il, un fait incompréhensible dans l'opinion contraire. Qu'est-ce qui aurait pu déterminer le Préteur à créer un nouvel interdit pour un rapport pour lequel il avait déjà lui-même établi l'*uti possidetis?* » La réponse est bien simple : ce nouvel interdit a un but tout différent de celui de l'*uti possidetis ;* il sert à protéger les publicains qui ont affermé les terres publiques (2).

Les raisons d'ordre public qui ont motivé la création des plus anciens interdits s'appliquent exactement aux interdits récupératoires. A une époque où l'organisation de la police était très imparfaite, les magistrats chargés de l'administration de la justice eurent le devoir d'intervenir et d'user de leur autorité pour assurer l'ordre dans la cité (3). Pour l'interdit *unde vi,* il n'est pas douteux que l'intervention du Préteur fût motivée par une raison de haute police : le Préteur a voulu réprimer un acte de violence qui aurait pu compromettre l'ordre public. L'interdit *de precario* repose sur un motif ana-

---

(1) *Besitzwille,* p. 107, n. 53.
(2) Ulp., 68 *ad Ed.,* D., XLII, 9, 1, 2.
(3) Kuntze, *Zur Besitzlehre,* p. 110.

logue : le Préteur n'a pas voulu que le patron, irrité de l'ingratitude de son client qui prétend conserver contre son gré la terre à lui concédée, cherche à se faire justice. L'intervention du magistrat prévient une cause de désordre dans la cité (1). Il en est de même de l'interdit *de clandestina possessione*, en admettant qu'il ait réellement existé. A quelles extrémités ne se porterait pas le citoyen qui, s'étant momentanément absenté de son domaine, le trouverait à son retour occupé par un tiers ! Le Préteur a agi prudemment en lui promettant sa protection (2).

Enfin, le mot *possidere* qui figure dans la formule de l'*unde vi* désignait exclusivement, à l'origine, les parcelles de l'*ager publicus* occupées par des particuliers. Pour désigner les choses susceptibles de propriété, on employait l'expression *sibi habere* (3).

Mais, a-t-on dit, si les interdits possessoires avaient été créés pour protéger la possession de l'*ager publicus*, on n'aurait jamais hésité à les appliquer à l'*ager stipendiarius* du sol provincial, dont la condition était au moins égale au point de vue juridique (4). Le doute venait de ce que l'on considérait le droit du possesseur d'un fonds provincial comme un usu-

(1) Cf. Karlowa, II, p. 321. *Contrà*, Bruns, *Besitzklagen*, 180.

(2) Ihering a prétendu que cette considération de police qui, suivant nous, a motivé la création des interdits possessoires, ne s'accorde pas avec l'aspect que revêt la protection possessoire dans le droit romain (*Œuvres choisies*, trad. de Meulenaere, II, p. 229). Le possesseur naturel, dit-il, et les personnes incapables de posséder, devraient également avoir un droit à être protégées. Cette objection, qu'Ihering a longuement développée dans son premier écrit (*Besitzesschutz*, p. 8), serait fondée si la distinction des diverses espèces de possession avait précédé la création des interdits possessoires. De l'étrangeté des conséquences on serait en droit de conclure à l'inexactitude du point de départ. Si, au contraire, comme nous allons l'établir, la création des interdits possessoires est bien antérieure à l'époque où la jurisprudence a dégagé la notion générale de la possession et distingué plusieurs classes de possesseurs, la singularité des résultats s'explique aisément. Elle prouve que les jurisconsultes classiques n'ont pas réussi à unifier la théorie de la possession, à mettre les règles anciennes sur la concession des interdits possessoires en harmonie avec la conception nouvelle de la possession.

(3) Ulp., 68 *ad Ed.*, D., XLIII, 8, 2, 38. Cf. Paul, 33 *ad Ed.*, D., L, 16, 188 pr. Ulp., 49 *ad Sab.*, D., XLV, 1, 38, 9.

(4) Frontin., 136, 13-15.

fruit. Or, l'usufruit n'a été protégé par les interdits utiles qu'au second siècle. Jusque-là, pour le fonds provincial comme pour l'usufruit, on donnait une action réelle (1).

Les circonstances qui motivèrent la création de l'*unde vi* peuvent être aisément déterminées. Tant que l'occupation des terres de l'*ager publicus* fut un privilège des patriciens, ces contestations furent sans doute peu nombreuses : entre membres d'une même famille ou de familles également puissantes, on devait arriver à une transaction. Mais, lorsqu'en 387, la loi Licinia eut concédé aux plébéiens la faculté jusque-là réservée aux patriciens, il en dut être autrement. L'accroissement du nombre des ayants-droit, le morcellement des *possessiones* dont l'étendue avait été limitée à 500 arpents, les rivalités entre patriciens et plébéiens eurent un effet facile à prévoir. Les contestations au sujet de ces terres devinrent plus vives et plus fréquentes ; les actes de violence se multiplièrent ; le Préteur dut s'interposer. L'interdit *unde vi* n'est donc pas antérieur à la fin du IVe siècle ni, par conséquent, à l'institution de la préture ; il date cependant d'une époque où l'*ager privatus* trouvait une protection suffisante dans l'action de la loi par serment.

22. — On ne peut pas en dire autant de l'*uti possidetis :* rien ne prouve qu'il remonte au temps où le mot *possidere*, qui figure dans sa formule comme dans celle de l'*unde vi*, n'était pas encore étendu à l'*ager privatus*. On ne peut non plus, croyons-nous, prouver directement qu'il ait servi à protéger l'*ager occupatorius*. On a bien invoqué un passage de la loi agraire de 643 (2), mais il concerne des *possessiones* converties en propriétés privées. De ce que la loi limite au 15 mars le délai accordé pour exercer les interdits, il ne s'ensuit pas nécessairement qu'on proroge jusqu'à cette date une faculté qui appartenait aux possesseurs, avant d'avoir obtenu la propriété quiritaire. Il est possible qu'on ait restreint à un court délai l'exercice de l'*uti possidetis* pour des raisons tirées des circonstances qui ont précédé le vote de la loi (3).

---

(1) Front., 2 Contr., 36, 8. Plaut., *ap. Ulp.*, 17 *ad Sab.*, D., VII, 2, 1, 3.

(2) *Corp. inscr. Lat.*, I, 200, l. 17.

(3) Pareillement dans Cic., *De lege agr.*, III, 2, 7 ; 3, 11, rien ne prouve que le mot *possessio* se réfère exclusivement aux possessions du domaine

Mais si l'on ne peut établir que l'*uti possidetis* ait été, comme les interdits récupératoires, créé pour protéger l'*ager occupatorius*, rien ne s'oppose à ce qu'on en ait étendu l'application à ces *possessiones* : il n'y avait qu'une légère modification à introduire dans la formule, la substitution du mot *agrum* ou *pascuum* au mot *fundum*. Sauf cette différence, tout ce que les textes nous apprennent sur l'*uti possidetis*, convient parfaitement aux besoins des possesseurs d'*agri occupatorii*. Les doutes qu'on aurait pu avoir sur ce point, il y a quelques années, ne sauraient subsister depuis la recension du manuscrit de Vérone par Studemund (1). Il en résulte, ainsi que nous l'avons déjà vu, que dans l'*uti possidetis* comme dans les interdits récupératoires, le Préteur a voulu prévenir une cause de trouble pour la cité.

Pourtant, l'application de l'*uti possidetis* à l'*ager occupatorius* est écartée par Ihering et par M. Karlowa. Je ne m'arrêterai pas à l'objection d'Ihering : elle repose sur une confusion déjà signalée. « Le Préteur romain aurait, dit-il, excité bien de l'étonnement si, dans l'interdit destiné à l'*ager publicus*, il s'était servi de l'expression *possidere*, car l'expression technique universellement connue pour désigner la jouissance de l'*ager publicus* était *frui* (2). » Ihering oublie qu'il n'est pas question ici de terres affermées par le censeur, mais bien de terres occupées en vertu d'une autorisation générale accordée à tous les citoyens ou tout au moins à un certain nombre d'entre eux.

Plus grave est l'objection présentée par M. Karlowa (3). L'*uti possidetis*, dit-il, ne peut servir que pour une *causa pri-*

---

public. Cicéron veut montrer que si l'on prend au pied de la lettre le mot *possessa* inscrit dans le projet de loi, on en arrivera à considérer comme pleins propriétaires ceux dont la possession est entachée du vice de violence, de clandestinité ou de précaire.

(1) Il faut se garder ici d'une confusion qu'un auteur a récemment commise : la recension de Studemund a bien rectifié une opinion de Savigny sur le point de savoir si l'*uti possidetis* vise un trouble passé ou futur, mais elle isse intacte, elle confirme plutôt l'hypothèse que Savigny a soutenue avec Niebuhr sur l'origine des interdits possessoires.

(2) *Besitzwille,* p. 107, n. 53 (trad.).

(3) *Röm. Rechtsg.*, II, 316.

vata, jamais pour une *causa publica* (1). Or, celui qui acquiert la possession d'une parcelle de l'*ager publicus* n'agit pas comme particulier, mais comme citoyen, comme *pars populi*. C'est le peuple lui-même qui jouit de la possession par un de ses membres. C'est un mode de jouissance exclusif à côté de celui qui consiste à jouir *promiscue*, comme on jouit des rues ou des routes.

Cette objection ne me paraît pas décisive. La nature de la cause protégée par l'interdit dépend de l'acte qui motive l'intervention du Préteur et de la qualité des prétendants à la possession. Or, l'acte dont s'agit, c'est l'occupation, c'est-à-dire un acte d'une nature privée qui s'accomplit sans l'intervention du magistrat. Il implique le fait d'exclure les voisins (*arcere vicinos*), donc encore un acte de nature privée. D'autre part, le conflit, auquel l'interdit vient mettre fin, s'élève entre deux particuliers ; ce sont des intérêts privés qui sont en présence (2).

L'application de l'*uti possidetis* à l'*ager occupatorius*, si elle n'est pas établie par les textes, est donc rendue vraisemblable par ce que nous savons sur cet interdit. Si les documents précis font défaut, c'est que la possession des parcelles du domaine public d'Italie a été peu à peu transformée en propriété quiritaire. La loi agraire de 643 l'a fait presqu'entièrement disparaître (3). Domitien donna les derniers *subcesiva* aux anciens possesseurs (4).

II.

Possession civile et possession naturelle.

23. — De l'examen qui vient d'être fait des interdits possessoires, il résulte que ces interdits ont été créés avant que la notion de la possession ait été dégagée. Il s'agit maintenant de savoir si, en définissant la possession, les jurisconsultes classiques ont eu en vue l'état de fait que le Préteur couvrait de

(1) Paul, 13 *ad Plaut.*, D., XLVII, 10, 14.
(2) Cf. Voigt, *Die Staatsrechtliche possessio*, p. 15.
(3) Cf. Voigt, p. 32. Beaudouin, *Nouv. Rev. hist.*, t. XVII, p. 430 et 631.
(4) Suet., *Domit.*, 9.

sa protection. La raison de douter vient de ce que la définition de la possession ne cadre pas exactement avec les conditions requises pour avoir droit aux interdits possessoires. Nous allons constater que le point de vue auquel les jurisconsultes classiques se sont placés, est tout différent de celui qui avait décidé le Préteur à créer des interdits possessoires. Ils ont défini la possession dans ses rapports avec la propriété; le Préteur, au contraire, avait tout simplement voulu réprimer ou prévenir des conflits matériels susceptibles de troubler l'ordre public.

La pensée dont s'est inspirée la jurisprudence se révèle dans une double distinction qui apparaît dans les textes du premier siècle de l'empire, celle de la possession civile et naturelle, d'une part; de la possession et de la détention, d'autre part. La portée de cette double distinction a été, il est vrai, souvent méconnue, parce qu'au lieu de s'attacher uniquement aux conséquences indiquées dans les textes, on en a ajouté d'autres que la logique semblait imposer. Partant de cette idée que les jurisconsultes classiques n'ont jamais hésité à déduire toutes les conséquences des principes qu'ils ont formulés, on en est arrivé à des résultats contradictoires, à des problèmes insolubles. La réalité, c'est que pour ne pas jeter le trouble dans les relations juridiques, les jurisconsultes ont presque toujours maintenu les règles consacrées par un long usage, bien qu'elles ne fussent plus d'accord avec les conceptions théoriques que les progrès du droit leur avaient fait découvrir. De là, plus d'une fois, une certaine incohérence entre la théorie et la pratique, incohérence que l'historien doit se borner à constater.

D'après l'opinion générale, la distinction de la possession civile et naturelle a trait aux effets de la possession. Mais les auteurs se divisent lorsqu'il s'agit de déterminer les effets attachés à l'une ou à l'autre possession. Savigny pense que l'usucapion est le seul droit reconnu par le *jus civile* et qui suppose la possession; seule elle motiverait la qualification donnée à la possession civile; il ne saurait être question des interdits possessoires qui appartiennent au droit honoraire. Cette opinion souffre bien des critiques. Un simple rapprochement suffira pour montrer qu'elle repose sur une base fragile : lorsqu'on distingue l'obligation civile de l'obligation naturelle, on n'entend certainement pas refuser la qualification d'obligation civile à l'obligation sanctionnée par le droit prétorien. Pourquoi n'en serait-il pas de même ici?

Beaucoup d'auteurs disent que la possession civile est celle qui produit des effets juridiques. Mais cette opinion n'est pas conforme aux textes qui dénient la possession civile au créancier gagiste, bien qu'il ait le droit d'exercer les interdits possessoires. On a, en conséquence, proposé de restreindre la possession civile à la possession *animo domini* lorsque cette possession a pour fondement une cause reconnue par la loi civile. On exclut ainsi les possesseurs injustes. Mais ici encore on se heurte aux textes qui accordent l'interdit *unde vi* au conjoint donataire. Pourquoi la loi protégerait-elle une possession qu'elle ne reconnaît pas?

Toutes ces explications sont donc plus ou moins arbitraires. N'est-ce pas la preuve que le point de départ est inexact, et que la distinction de la possession civile et naturelle est étrangère à la question de la protection possessoire? C'est dans une toute autre voie qu'il faut chercher la solution. L'antithèse exprimée par les mots *civilis* et *naturalis* n'a pas toujours dans les textes une signification uniforme. Nous avons à examiner si elle ne reçoit pas ici un sens spécial.

24. — Dans son commentaire sur l'édit, Ulpien (1) s'occupant de la classification des biens remarque que, lorsqu'on emploie le mot *bona*, on peut se placer à deux points de vue : *Bonorum appellatio aut naturalis aut civilis est.* De ces deux appellations, la première n'a aucune valeur juridique : les biens que nous avons *naturaliter* peuvent sans doute nous être utiles, contribuer à notre bonheur, mais ceux-là seuls que caractérise le mot *civilis* comptent dans notre patrimoine. Au nombre de ces biens, Ulpien cite, indépendamment de la propriété, la possession de bonne foi. Or, pour être possesseur de bonne foi, il faut avoir acquis une chose d'une personne que l'on croyait être propriétaire. Donc, aux yeux d'Ulpien, la possession, considérée comme un bien, doit être qualifiée *civilis* lorsqu'elle est entrée dans notre patrimoine en vertu d'un acte tendant à nous faire acquérir la propriété de l'objet

____

(1) 39 *ad Ed.*, D., L, 16, 49.

de la possession. Elle sera *naturalis* dans le cas contraire, par exemple, dans le cas de constitution d'un gage (1), parce que la chose donnée en gage n'est pas *in bonis* du créancier (2).

Pour savoir si la possession est civile ou naturelle, il faut donc examiner si l'acte en vertu duquel elle a été acquise est de nature à la faire entrer dans notre patrimoine. La possession acquise de bonne foi en vertu d'une vente sera civile; il en sera de même de la possession acquise en vertu d'une donation; mais s'il s'agit d'une donation entre époux, la possession ne sera que naturelle, parce qu'en droit, la chose donnée demeure étrangère au patrimoine du donataire. Pareillement resterait naturelle, malgré l'existence d'un acte d'acquisition, la possession transmise à un esclave ou à un fils de famille : ni l'un ni l'autre n'ont de patrimoine (3). Et cependant ils peuvent acquérir à leur père ou à leur maître la possession civile (4).

25. — Nous avons donné à l'expression *bonæ fidei possessio*, employée par Ulpien, sa signification la plus usuelle. Ne doit-on pas lui attribuer une portée plus large? N'y a-t-il pas d'autres cas de possession civile? Je crois qu'avant Ulpien, la notion de la possession civile s'appliquait, du moins en général, à la *justa possessio*. Cela résulte implicitement de la décision donnée par Javolenus (5) pour la possession acquise par l'esclave administrateur d'un pécule : seule la possession *justa* tombe dans le pécule et par suite dans les biens du maître. Cela résulte ensuite expressément d'un fragment où Paul déclare que la possession, concédée par le Préteur en cas d'*abductio servi ex noxali causa*, tombe *in bonis* de la victime du délit (6).

Si la règle n'est pas formulée dans les textes conservés au Digeste pour la possession acquise autrement que *prætore auctore*, c'est qu'au iiie siècle, la *justa possessio* rentre dans la

<hr>

(1) Ulp. 24 *ad Ed.*, D., X, 4, 3, 15.

(2) Ulp. 19 *ad Sab.*, D., XLVII, 2, 12, 2.

(3) Servius, ap. Jul. 44 Dig., D., XLV, 5, 2, 2. Javol., 14 Ep., D., XLI, 2, 24. Ulp. 49 *ad Sab.*, D., XLV, 1, 38, 7 et 8.

(4) Gaius, II, 89.

(5) *Loc. cit.*

(6) Paul, 18 *ad Ed.*, D., IX, 4, 26, 6; 6 *ad Ed.*, D., II, 9, 2, 1.

possession de bonne foi. L'expression *bonæ fidei possessio* a
reçu, au temps d'Ulpien, une acception très large et s'applique
à des cas où il ne s'agit nullement d'une possession acquise
d'une personne que l'on croyait propriétaire. Tel est le cas de
l'acheteur d'objets dépendant d'une succession et vendus avant
'adition d'hérédité pour faire face aux frais funéraires (1).

La *justa possessio* était donc, avant Ulpien, distincte de la
possession de bonne foi, et comme elle comptait *in bonis*,
elle méritait la qualification de possession civile. Cette règle
comportait toutefois des exceptions : il y avait certaines
justæ possessiones qui rentraient dans la possession naturelle (2).

26. — Comment la distinction de la possession civile et
naturelle s'est-elle introduite dans la jurisprudence? Cette
distinction se rattache à une autre qui remonte à Q. Mucius.
Ce jurisconsulte divisait les *possessiones* suivant leurs genres
et leurs causes. La distinction de la possession civile et de la
possession naturelle n'est qu'un perfectionnement de la divi-
sion attribuée à Q. Mucius.

Paul (3) nous apprend que Q. Mucius distinguait plusieurs
genera possessionum; mais, tout en approuvant l'idée d'une
classification des diverses sortes de possessions, Paul critique
le système adopté par Q. Mucius parce qu'il confond des
espèces dissemblables, par exemple la possession qui conduit
à la propriété par l'usucapion et celle que le Préteur accorde
à titre conservatoire. Un passage de Cicéron (4) nous fait
connaître sur quelle base reposait la classification de la jurisprudence contemporaine, par conséquent celle de Q. Mucius.
Il oppose à la possession acquise *vi, clam* ou *precario* la possession fondée sur une *causa.*

La distinction établie entre les possesseurs qui pouvaient
citer la cause de leur possession et les usurpateurs avait
l'avantage de mettre en relief la différence profonde qui les
séparait, mais elle était insuffisante : elle confondait dans une

---

(1) Ulp. 25 *ad Ed.*, D., L, 17, 137 = XIV, 7, 14, 1.
(2) Voy. pour le créancier gagiste, Gaius, 7 *ad Ed. prov.*, D., VI, 2, 13,
1, et Ulp. 24 *ad Ed.*, D., X, 4, 1, 15.
(3) 54 *ad Ed.*, D., XLI, 2, 3, 23.
(4) *De leg. agr.*, III, 11.

même catégorie des personnes dont la possession reposait sur des causes entièrement différentes, de simples détenteurs avec de véritables possesseurs. Paul en donne un exemple lorsqu'il reproche à Q. Mucius d'avoir considéré comme un véritable possesseur celui qui obtenait du Préteur un envoi en possession à titre conservatoire.

27. — Le témoignage de Paul est confirmé par plusieurs textes qui prouvent combien la notion de la possession était, au VIIe siècle de Rome, différente de la conception du droit classique. Les jurisconsultes du VIIe siècle confondent la possession avec son objet, d'où les conséquences suivantes : 1° celui qui a la chose a par là même la possession, fût-il un simple détenteur comme l'usufruitier ; — 2° l'héritier du possesseur acquiert directement la possession dans les cas où il acquerrait directement la propriété de la chose ; — 3° la tradition d'une chose mobilière *nec mancipi* à un ouvrier qui doit la façonner met la chose *in bonis* de l'*accipiens*, sans rechercher si le *tradens* a eu la volonté de transférer la propriété ; — 4° le voleur est tenu de *dare rem* en vertu de la *condictio furtiva*, comme si la victime du vol avait cessé d'être propriétaire de la chose ; — 5° la valeur de la possession se détermine exclusivement d'après la valeur de la chose.

Les deux premières propositions résultent du *pro Cæcina* (1). Cicéron soutient que Cæcina a la possession. Il fait remarquer d'abord qu'Æbutius ne conteste pas la possession de Cæsennia en qualité d'usufruitière, puis il présente comme une chose toute naturelle que l'héritier du possesseur ait la possession, par cela seul qu'il est héritier. Sur ces deux points la contradiction avec le droit classique est flagrante (2). Savigny prétend qu'il ne faut attribuer aucune importance à ces affirmations de Cicéron : elles ont été produites, suivant lui, pour les besoins de la cause ; ce sont des arguments d'avocat, non des raisons de jurisconsultes (3). C'est là un moyen commode de se débarrasser des textes ; il me paraît difficile

---

(1) C. 32.

(2) Gaius, 2 Inst., D., XLI, 1, 10, 5. Ulp., 71 *ad Ed.*, D., XLIII, 26, 6 2. Scaev. ap. Ulp., 38 *ad Ed.*, D., XLVII, 4, 1, 15. Paul., 15 *ad Sab.*, D., XLI, 2, 30, 5.

(3) *Op. cit.*, p. 287, n. 1.

d'y recourir, alors qu'il s'agit d'un plaidoyer portant uniquement sur des questions de droit et de procédure. C'eût été de la part de Cicéron courir grand risque que de soutenir la prétention de son client à l'aide d'hérésies juridiques. Les récupérateurs, chargés de connaître de l'affaire, n'étaient pas assez ignorants des choses du droit pour accueillir de pareilles assertions. On sait que parmi eux figurait, au moins dans les deux premières audiences consacrées à cette affaire, le jurisconsulte Aquilius Gallus. Il y a mieux : le témoignage de Cicéron est confirmé par divers textes de Q. Mucius et de Servius, ses contemporains, qui, l'un et l'autre, posent des règles en complète opposition avec celles des jurisconsultes classiques.

Un mari a légué à sa femme tout son or. D'après Q. Mucius, le lingot que le mari avait remis à un orfèvre pour le façonner n'est pas compris dans le legs. Cela est faux, dit Pomponius (1), *nam tunc licet apud aurificem sit aurum, dominium tamen non mutavit, manet ejus qui dedit.* Q. Mucius pensait que celui qui remet à un orfèvre un lingot d'or pour le façonner aliène le droit qu'il a sur la chose. Il n'attachait aucune importance à la nature de l'acte qui avait fait sortir le lingot des mains du testateur, sans doute parce que, de son temps, la tradition d'une chose mobilière *nec mancipi* faite à un ouvrier par le propriétaire suffisait pour faire considérer cette chose comme n'étant plus *in bonis* du *tradens.* On ne recherchait pas s'il avait eu ou non l'intention de l'aliéner. On ne distinguait pas, comme le fit un demi-siècle plus tard Alfenus (2), entre le cas où l'ouvrier doit rendre la même chose et celui où il doit rendre une chose de même nature, c'est-à-dire entre la tradition conférant la simple détention et la tradition translative de propriété. La décision de Q. Mucius sur l'effet de la tradition d'une chose mobilière *nec mancipi* n'est pas moins étrange que l'assertion de Cicéron. Il n'y a pas de motif pour écarter celle-ci dès l'instant qu'on est obligé d'admettre celle-là.

L'opinion de Servius sur la manière d'évaluer le montant de la condamnation prononcée à la suite d'un interdit *uti posside-*

---

(1) 9 ad Q. Muc., D., XXXIV, 2, 34 pr.
(2) 5 Dig. edit., D., XIX, 2,

tis n'est pas moins contraire aux règles du droit classique. Servius pense que la condamnation doit toujours être égale à la valeur de la chose, parce qu'à ses yeux la possession se confond avec la chose. Ulpien est d'un avis tout différent (1). Autre est, dit-il, le prix de la chose, autre celui de la possession. Dans l'interdit *unde vi*, la possession pouvait être estimée à une somme supérieure à la valeur de la chose en raison du trouble causé à l'ordre social. Dans l'*uti possidetis*, le Préteur Cascellius décida, peu de temps après Servius, que le montant de la *sponsio* à laquelle donnait lieu la violation de l'interdit, ne pourrait jamais dépasser la valeur de la chose : il pouvait donc être inférieur, par exemple, dans le cas où le possesseur n'élevait aucune prétention à la propriété.

Enfin l'anomalie que la *condictio furtiva* présente au point de vue du droit classique (2) s'explique par le changement survenu dans la façon d'envisager la situation du voleur par rapport à l'objet volé. Le voleur est tenu de *dare rem* : en s'emparant de la chose, il a donc enlevé à sa victime le droit qu'elle avait et l'a acquis pour lui-même. Cela implique nécessairement que la propriété et la possession de la chose sont confondues. Cette confusion paraît étrange aux jurisconsultes classiques : elle n'a rien d'étonnant pour qui se rappelle la doctrine de Q. Mucius sur l'effet de la tradition.

28. — Tel était l'état de la jurisprudence en matière de possession au temps de Cicéron et de Servius, c'est-à-dire à la fin du VIIe et dans les premières années du VIIIe siècle. Les imperfections qu'elle présentait ne tardèrent pas à se manifester. Pour les faire disparaître, on chercha un nouveau critérium qui permît de classer d'une manière plus satisfaisante les diverses espèces de possession. Au lieu de se contenter d'une *causa* quelconque pour fonder la possession, on exigea une *causa adquirendi ejus quod nostrum non est* (3). La possession acquise en vertu d'une cause de ce genre fut la possession civile. Acquise de toute autre manière, la possession fut quali-

---

(1) 69 *ad Ed.*, D., XLIII, 17, 3, 11.

(2) Gaius, IV, 4.

(3) 54 *ad Ed.*, D., XLI, 2, 3, 21. — Cf. sur les *causæ possessionum*, Ihering, *Besitzwille*, trad., p. 305. Pernice, *Labeo*, II, 191. Kniep, *Vacua possessio*, I, 315. Klein, *Sachbesitz*, p. 41 et 427. Karlowa, II, 312.

fiée naturelle. Les possessions *pro emtore, pro donato, pro legato, pro dote, pro herede, pro noxæ dedito* sont des cas de possession civile. Au contraire le louage, le dépôt, le gage, le commodat, le précaire, l'usufruit ne sont pas des *causæ adquirendi* de ce genre et, par suite, ne confèrent que la possession naturelle.

La possession civile reçoit de la *causa* qui lui sert de fondement son caractère particulier. Aussi peut-on dire qu'il y a autant de possessions distinctes (*genera possessionum*) qu'il y a de causes de possession. Telle est effectivement la doctrine des anciens jurisconsultes. Cette conception fut plus tard critiquée par Paul (1) : pour lui, il y a autant d'espèces distinctes de possession que de cas particuliers, ou si l'on veut, la possession est une, les espèces en nombre indéfini. Aux *causæ possessionum* il substitua les *species possessionis*.

Où est la différence entre cette manière de voir et la conception antérieure? En spécialisant la possession, en distinguant autant d'espèces que de rapports possessoires, Paul entend qu'il faut tenir compte de tous les éléments qui concourent à la formation de chaque cause d'acquisition, par exemple, de la qualité des parties, des clauses de la convention. Paul a été conduit à admettre des *species infinitæ possidendi* en remarquant que chaque cas contient des éléments qui lui sont propres.

Les jurisconsultes de la fin de la République s'étaient placés à un point de vue différent pour classer les *genera possessionum* : à leurs yeux, l'ensemble des rapports possessoires fondés sur une même cause d'acquisition forme un *genus*. Au lieu de s'attacher à chaque cause *in concreto*, ils recherchent les caractères communs qui se retrouvent dans les diverses causes d'acquisition. Par exemple, les actes de vente qui constituent une cause de possession, présentent les plus grandes différences au point de vue de la bonne foi de l'acheteur, du paiement du prix, des conditions, etc. Les anciens jurisconsultes, sans se préoccuper de toutes ces particularités, observent seulement que, dans tous ces cas, il y a vente et, par suite, que la possession est acquise *pro emtore*. Il n'y a, dès

____

(1) *Loc. cit.*

lors, pas plus de genres de possession que de types distincts
de causes. Chaque genre comprend les cas les plus différents.
La *causa pro emtore*, par exemple, comprend aussi bien le cas
où l'acheteur ne peut usucaper que celui où l'usucapion n'est
pas possible (1). Autre chose est la *causa usucapionis*, autre
chose la *causa possessionis*.

29. — Comment la jurisprudence est-elle arrivée à cette
conception des causes de la possession? Pourquoi a-t-elle
attaché une importance spéciale aux causes d'acquisition sans
se préoccuper des différences si nombreuses qui pouvaient
exister entre les espèces comprises dans un même genre? La
question avait, à la fin de la République, un intérêt qui
disparut plus tard quand la théorie de la possession eut été
précisée par les jurisconsultes classiques. Lorsqu'une personne avait entre les mains une chose sans qu'elle pût affirmer
qu'elle en était propriétaire, devait-on considérer cette chose
comme étant néanmoins dans ses biens (*in bonis*)? Les créanciers étaient intéressés à le savoir. A quel critérium reconnaître que la chose devait être comprise dans les biens de
leur débiteur? La question était d'autant plus utile à résoudre
à une époque où la vente, le louage, etc., n'étaient pas encore
des actes juridiques proprement dits, ou étaient récemment
entrés dans le domaine du droit. On attribua à ces actes la
valeur d'une cause de possession toutes les fois qu'ils avaient
pour objet l'acquisition de la chose d'autrui.

La distinction des causes de possession, de même que la
distinction de la possession civile et de la possession naturelle,
a donc été introduite pour un motif tout différent de celui
qui avait fait créer les interdits possessoires. Il ne s'agit plus
ici de protéger les possesseurs de terres ou d'esclaves, mais de
savoir dans quels cas la possession sera envisagée comme un
élément du patrimoine de celui aux mains de qui elle se trouve.

Cette explication est confirmée par l'observation suivante :
le fragment dans lequel Ulpien rapporte la distinction des
biens en deux catégories suivant leur appellation civile ou
naturelle, est extrait du livre 59 sur l'Édit. Or, dans ce livre,

---

(1) Paul, 54 *ad Ed.*, D., XLI, 4, 2, 1.
(2) Cf. Edouard Cuq, *Institutions juridiques*, I, 690.

Ulpien commentait l'édit du Préteur *quibus ex causis in possessionem eatur* (1). Il s'agissait de déterminer les droits des créanciers sur les biens qui étaient aux mains de leur débiteur, de savoir quels biens pouvaient être compris dans la *bonorum venditio* d'un *judicatus* (2), d'un *fraudationis causa latitans*, d'un *indefensus*. L'examen de la *causa possessionis* du débiteur permettait de résoudre cette question. C'est la *causa* qui, dans certains cas, établit un rapport permanent entre la personne et la chose; c'est elle qui fait entrer la chose dans les biens du débiteur.

Mais pour attribuer cette valeur à la cause de la possession, il fallait rendre cette cause indépendante de la volonté du débiteur. Tel fut sans doute le but de la règle posée par les anciens jurisconsultes (*veteres*) : « Nul ne peut se changer à soi-même la cause de sa possession. » Alors que la détention n'était pas encore distinguée de la possession, c'est à la *causa possessionis* qu'on s'attachait pour déterminer à quelle possession on avait affaire, pour savoir si elle comptait ou non dans les biens du débiteur. Lorsque plus tard on distingua la détention de la possession, certains jurisconsultes émirent l'avis que la règle ne concernait pas la transformation de la détention en possession, car le détenteur n'a pas la possession (3). Ils oubliaient que les *veteres* donnaient au mot possession un sens large comprenant même les cas de simple détention.

30. — La distinction de la possession civile et de la possession naturelle s'imposa aux jurisconsultes à une époque (4) où les usages des honnêtes gens devenaient de plus en plus

----

(1) Lenel, *Das Edictum perpetuum*, p. 331.

(2) Paul, 54 *ad Ed.*, D., XLI, 2, 3, 19.

(3) *Ibid.*, 3, 20.

(4) Les expressions possession civile, possession naturelle furent-elles employées, dès le début, pour caractériser la séparation établie entre les diverses espèces de possessions d'après leur cause? Les renseignements directs font défaut. On peut toutefois remarquer que Servius (*ap. Jul.*, 44 Dig., D., XLI, 5, 2, 2), appelait déjà *naturalis* une possession qui ne compte pas *in bonis*, celle d'un fils de famille incapable d'avoir un patrimoine. Même en admettant que la terminologie n'ait été fixée qu'à une époque ultérieure, l'essentiel est de constater l'ancienneté de la séparation des causes de possession.

insuffisants pour régler les rapports des débiteurs avec leurs créanciers, à une époque où les débiteurs ne se faisaient pas faute de les frustrer sans scrupule et sans redouter le blâme du censeur. Les Prudents joignirent leurs efforts à ceux du Préteur pour sauvegarder les droits des créanciers. L'interdit fraudatoire et l'action Paulienne protégèrent les créanciers contre les actes frauduleux qui faisaient passer certains biens de leurs débiteurs aux mains des tiers. La jurisprudence estima qu'il était tout aussi utile de garantir les créanciers contre les actes de tradition faits sans fraude. Elle s'aperçut que la conception vulgaire qui attribuait le même effet à toutes les causes de possession était contraire à l'équité. Considérer comme n'étant plus dans les biens du débiteur une chose qui était momentanément aux mains d'un tiers, c'était prendre l'apparence pour la réalité.

C'est ainsi qu'on fut conduit à distinguer deux sortes de possession suivant que la chose était ou n'était pas réellement *in bonis* du possesseur. La solution de la question dépendit de la nature de la cause sur laquelle reposait la possession. Seule la *causa adquirendi* conféra l'*in bonis* et par suite la possession civile, pourvu que cette cause ne fût pas réprouvée par la loi (1).

31. — La notion de la possession fut, dès lors, transformée : le fait d'être établi d'une manière stable, d'être assis sur un champ, n'est plus l'élément décisif pour caractériser la possession proprement dite : tout dépend de la cause de la possession. Cette transformation entraîna une conséquence importante. Du jour où l'on cessa d'exiger l'établissement sur un immeuble pour ne s'attacher qu'à la cause d'acquisition, il n'y avait pas de motif pour ne pas étendre aux meubles la notion de la possession. Pour les meubles comme pour les immeubles, il était utile de savoir dans quels cas ils seraient *in bonis* du débiteur : on résolut la question à l'aide du même critérium.

----

(1) Si la possession civile est seule *in bonis*, ce n'est pas à dire que la possession naturelle n'ait jamais de valeur pécuniaire. Dans les cas exceptionnels où elle était protégée par les interdits, le juge devait estimer l'inté rêt que le possesseur naturel avait à la conserver. Cf. Brinz, *Pandekten*, I, 449; II, 653. Pernice, *Labeo*, I, 313. Karlowa, II, 342.

On alla plus loin encore, et l'on appliqua la notion de possession aux choses acquises autrement que par tradition; on l'étendit aux *res nullius*. Mais ici il fallut trouver un autre critérium pour tenir lieu de la cause d'acquisition qui faisait défaut. On se borna à dégager l'élément subjectif contenu dans la *causa adquirendi*, c'est-à-dire l'*animus adquirendi*. Cet *animus* se manifestait non plus par un acte juridique, mais par un acte matériel d'appréhension (*capere*) (1).

Cette transformation de la notion de possession s'est opérée dans le cours du viiie siècle. Tandis que Servius confondait encore la possession avec son objet, Ælius Gallus les distingue nettement : *Possessio est usus quidem agri aut ædifici, non ipse fundus aut ager* (2). Labéon (3) parle de la possession des meubles.

32. — Nous venons d'établir que, d'après les jurisconsultes de la fin de la République ou du commencement de l'Empire, la distinction de la possession civile et de la possession naturelle a eu pour but de séparer la possession qui compte *in bonis* de celle qui reste en dehors du patrimoine. Mais ici se présente une objection : si la possession civile est un élément du patrimoine, ce n'est plus un simple fait, c'est un droit (4). Pourquoi ce droit ne se transmet-il pas aux héritiers, comme les droits réels et de créance? C'est que la possession civile est un droit *sui generis*. Ce droit n'a jamais été conçu d'une manière abstraite; il n'a pas une existence purement intellectuelle : une relation matérielle avec la chose qui en est l'objet est indispensable à sa naissance. Tandis qu'à l'époque classique, la propriété d'une *res mancipi* peut être acquise sans tradition, la possession ne peut, du moins en général, être

(1) Nerva fil., ap. Paul., 54 *ad Ed.*, D., XLI, 2, 1, 1. Paul, *eod.*, 3, 21.
(2) Ap. Fest., vᵒ *Possessio*.
(3) Ap. Javol., 5 *ex Poster.*, D., XLI, 2, 51.
(4) Je ne puis entrer ici dans l'examen de la controverse qui s'est élevée sur ce point. Je ferai simplement remarquer que les jurisconsultes ont travaillé pendant plusieurs siècles à établir les règles sur l'acquisition, la conservation et la perte de la possession. Si la possession eût été un pur fait, ce travail eût été inutile; il se conçoit très bien dans notre opinion. Il importait de déterminer dans quelle mesure on devait attribuer à la possession une valeur juridique et tenir compte des usages de la vie sociale qui pouvaient exiger un rapport plus ou moins étroit entre la personne et la chose.

acquise sans que le possesseur soit en relation matérielle avec l'objet. Voilà pourquoi, en droit classique, la possession ne se transmet pas aux héritiers comme les autres droits; on exige de l'héritier un acte d'appréhension.

III.

Possession et détention.

33. — En distinguant la possession civile de la possession naturelle, les jurisconsultes avaient voulu mettre en relief l'analogie existant à un certain point de vue entre la possession et la propriété : ils avaient voulu déterminer le cas où la possession comptait *in bonis* comme la propriété. Cette distinction ne leur suffit pas; ils cherchèrent à marquer d'une autre manière l'analogie entre la possession et la propriété en classant les possesseurs suivant qu'ils étaient ou non susceptibles d'être poursuivis par la revendication ou par les interdits conservatoires *uti possidetis* et *utrubi*. D'après les exemples donnés par les textes, c'est une distinction correspondant à ce que nous appelons aujourd'hui la possession et la détention. Mais cette nouvelle distinction est loin de présenter en droit romain la netteté qu'elle a en droit moderne; c'est pour avoir négligé cette observation qu'on dispute depuis longtemps sur la question. On n'a pas pris garde que la distinction de la possession et de la détention a été simplement ébauchée par les Romains; elle est restée à bien des égards purement théorique.

Constatons d'abord que la langue latine n'a pas de mot pour désigner la détention. On la caractérisait par une périphrase. On disait des détenteurs : *non possident, sunt in possessione* (1). Le plus ancien texte où l'on trouve présentée sous une forme générale la distinction de la détention et de la possession est un fragment de Pegasus (2), le préfet de la ville de Vespasien. Les dépositaires, commodataires, fermiers ou locataires, les envoyés en possession à titre conservatoire, sont

(1) Ulp., 69 *ad Ed.*, D., XLI, 2, 10, 1 ; 71 *ad Ed.*, D., XLIII, 26, 6, 2.
(2) Ap. Ulp., 6 *ad Ed.*, D., VI, 1, 9.

de simples détenteurs à l'égard desquels on ne peut, dit Pegasus, user ni de l'*uti possidetis*, ni de l'*utrubi*, ni de la revendication.

Au temps de Cicéron, la distinction n'existait pas encore : la critique adressée par Paul à Q. Mucius en est la preuve. Cependant, dès cette époque, les Romains ont exprimé, dans un cas spécial, la différence qui sépare un détenteur d'un possesseur : ils distinguent le possesseur d'un champ de celui qui est *in fundo*, c'est-à-dire du colon. *Esse in fundo* ou *in possessione* avaient le même sens : être sur la possession, sur la terre d'autrui (1).

C'est donc sous une forme concrète que le sentiment de la distinction apparut aux Romains : la notion abstraite de la possession et de la détention ne se dégagera que plus tard. La raison en est facile à donner : pour les jurisconsultes classiques, la question de savoir s'il y a possession ou détention dépend de la volonté de celui qui tient la chose (2) ; or, les questions d'intention sont étrangères à l'ancien droit. L'absence de toute distinction entre possesseurs ne fut d'ailleurs que temporaire ; elle produisait des conséquences iniques pour le règlement des rapports de créancier à débiteur. Nous venons d'établir qu'on y remédia en séparant les diverses espèces de possession d'après leur cause. Cette distinction correspond, en partie seulement, à celle de la possession et de la détention : lorsqu'on oppose ceux qui sont *in possessione* à ceux qui possèdent, on comprend parmi ces derniers même ceux qui possèdent injustement. Par suite, le voleur, celui qui s'est emparé d'une chose par violence, le conjoint donataire possèdent, bien qu'ils n'aient pas la possession civile.

34. — A ce nouveau point de vue, le mot possession a une acception plus large. Mais à quel critérium distinguer le possesseur du détenteur? Quels sont les éléments constitutifs de la possession ainsi envisagée? Il règne sur tous ces points une vive controverse. Je n'ai pas l'intention de rouvrir ici le débat. Je voudrais simplement examiner l'une des affirmations

---

(1) Cic., *p. Cæc.*, 32.

(2) Nerva, Proc., ap. Ulp., 26 *ad Ed.*, D., XII, 1, 9, 9. Celsus, 23 Dig., D., XLI, 2, 18 pr. Paul, 4, *ad Ed.*, D., *eod.*, 3, 13.

émises par Ihering à propos des cas de possession dérivée.

L'impossibilité de donner une explication satisfaisante de ces hypothèses l'a conduit à combattre avec acharnement non seulement Savigny et ses disciples, mais les jurisconsultes romains eux-mêmes, qui n'ont pas trouvé grâce devant lui. Il a prétendu qu'il n'y aucune différence intrinsèque entre un possesseur et un détenteur, que l'un et l'autre ont l'*animus rem sibi habendi*. Ce seraient des considérations et des motifs pratiques qui auraient fait naître, à Rome, la détention à côté de la possession (1). Conformément à cette manière de voir, Ihering affirme que les « raisons historiques » n'ont joué aucun rôle dans l'attribution de la possession à certains détenteurs (2).

C'est cette affirmation que je voudrais vérifier. J'essaierai d'établir qu'Ihering a eu tort, aussi bien que Savigny, de vouloir à tout prix donner une explication rationnelle de décisions incohérentes fondées sur des raisons purement historiques. En cherchant dans les textes une théorie logiquement construite de la distinction de la possession et de la détention, ils ont perdu de vue que les effets de la possession avaient été déterminés à une époque où cette distinction n'existait pas encore. Les jurisconsultes pouvaient-ils retirer à ceux qu'une pratique ancienne avait investis de certains moyens de procédure, le droit de s'en prévaloir? Pour réaliser une innovation aussi grave, pour mettre les effets de la possession en rapport avec la distinction nouvelle, il aurait fallu des nécessités pratiques dont l'existence n'est pas démontrée.

Examinons successivement le cas du créancier gagiste, du précariste et du séquestre pour justifier les assertions qui précèdent.

35. — Julien (3), Florentin (4) et Paul (5) attestent que le créancier gagiste a la possession. Mais Javolenus (6) nous avertit que le constituant continue à posséder *ad usucapionem*,

---

(1) *Besitzwille,* trad., p. 309-312.

(2) *Ibid.,* p. 313. Cf. p. 213.

(3) 13 Dig., D., XLI, 2, 36.

(4) 8 Inst., D., XLIII, 7, 35, 1.

(5) 54 *ad Ed.*, D., XLI, 2, 1, 15.

(6) 4 ex Plautio, D., XLI, 3, 15.

que le créancier possède *ad reliquas omnes causas*. Paul exprime la même idée (1). La restriction indiquée par ces jurisconsultes prouve que la possession du gagiste n'est pas une possession véritable.

Ce n'est pas seulement, quant à l'usucapion qu'elle en diffère : Julien (2) nie que le créancier qui a reçu un esclave en gage acquière par son intermédiaire, pas même la possession. Les Romains ont senti que la possession du gagiste ne pouvait être mise sur la même ligne que les autres rapports possessoires. Un fragment d'Ulpien (3) le prouve contrairement à l'assertion d'Ihering qui prétend qu'il n'y a pas trace de cette anomalie dans les textes.

D'où vient que le gagiste est, bien que détenteur, dans une situation particulière? Ce sont, d'après Ihering, des raisons pratiques qui ont déterminé les jurisconsultes. Si le gagiste était traité comme un simple détenteur et, par suite, s'il était privé de la protection des interdits, le débiteur pourrait lui enlever la chose à son gré; le gagiste perdrait la sécurité que le gage doit lui donner. Soit! mais il n'en résulte pas qu'on ait dû attribuer au gagiste la même protection qu'au possesseur véritable. Aucune raison pratique ne peut expliquer ce fait. La pratique exige que le gagiste soit protégé ; elle n'exige pas qu'il soit protégé exactement comme le possesseur. Pourquoi les Romains n'ont-ils pas traité le créancier gagiste comme l'usufruitier, par exemple? L'usufruitier est un simple détenteur, mais on lui reconnaît la *juris possessio* et il est protégé par les interdits quasi-possessoires. Pourquoi donner au gagiste l'interdit direct *uti possidetis*, alors qu'on ne donne à l'usufruitier qu'un interdit utile? Avant de répondre à cette question, examinons les autres cas de possession dérivée.

36. — Comme le gagiste, le précariste possède, mais le bailleur a également la possession. Trebatius et Sabinus (4) ne voyaient aucune difficulté à admettre ce concours de possessions sur un même objet en cas de précaire. Pomponius (5)

<hr>

(1) *Loc. cit.*
(2) 44 Dig., D., XLI, 1, 37 pr.
(3) 24 *ad Ed.*, D., X, 4, 3, 15.
(4) Ap. Paul., 54 *ad Ed.*, D., XLI, 2, 3, 5.
(5) 29 *ad Sab.*, D., XLIII, 26, 15, 4.

partageait cet avis. Pour ces jurisconsultes, deux possessions
dont l'une est juste, l'autre injuste, ne s'excluent pas. Labéon
et Paul (1) étaient d'un avis différent, et leur opinion est en
harmonie avec la distinction de la possession et de la détention. Sans doute, le précariste a, comme le gagiste, les interdits possessoires à l'exclusion du bailleur, mais à la différence
du gagiste, il ne peut s'en prévaloir contre le bailleur. Le concédant à précaire est dans une situation plus favorisée que le
débiteur qui a constitué un gage : il peut, quand il lui plaît,
recouvrer la chose. On conçoit qu'on ait pu dire de lui qu'il
conservait la possession *animo* (2). Le précariste, à plus forte
raison que le gagiste, n'est qu'un détenteur. On ne lui attribue la possession que pour justifier le droit qu'il a aux interdits réservés d'ordinaire aux possesseurs.

37. — Quant au séquestre, Florentin (3) admet qu'il possède. Julien (4) qui est un peu antérieur, fait une distinction
suivant que le dépôt a eu lieu *omittendæ* ou *custodiendæ possessionis causa*. Le rapprochement de ces deux fragments
prouve qu'il dépend des parties de conférer au séquestre la
possession ou la détention. Elles avaient intérêt à conférer la
possession pour empêcher l'usucapion de s'accomplir au pré-
judice de l'un des plaideurs au cours de l'instance. A défaut
d'une convention de ce genre, le séquestre n'ayant que la
détention, celui des plaideurs qui était en train d'usucaper
pouvait achever l'usucapion puisqu'il continuait à posséder
par l'intermédiaire du séquestre. Une fois propriétaire, il pouvait aliéner la chose ou la grever de droits réels. Sans doute,
s'il succombait dans le procès, il était condamné à restituer,
mais le jugement n'était pas opposable aux tiers. Ces incon-
vénients disparaissaient lorsque les parties convenaient de
transférer la possession au séquestre : l'usucapion était dès
lors interrompue. Le transfert de la possession au séquestre
présentait un autre avantage : il empêchait le possesseur
actuel de compléter le délai qui lui aurait été nécessaire pour
triompher de son adversaire par l'interdit *utrubi*.

(1) *Loc. cit.*, 3, 5.
(2) Pomp., *loc. cit.*
(3) 7 Inst., D., XVI, 3, 17, 1.
(4) 2 ex Minic., D., XLI, 2, 39.

Le séquestre a donc la possession, mais de quelle sorte est cette possession? Certes il a la volonté de posséder à l'exclusion des deux plaideurs; sa possession est exclusive et absolue. En cela, elle ressemble à la possession véritable, mais elle en diffère en ce que le séquestre n'a pas la volonté de se comporter à la façon d'un propriétaire, il n'a la prétention ni d'aliéner ni de détruire la chose. Ce n'est donc pas un possesseur proprement dit, mais un simple détenteur, à qui l'on accorde les interdits possessoires pour lui permettre de remplir sa mission.

38. — Des trois cas de possession dérivée, il y en a donc au moins un qui ne saurait être présenté comme une objection contre l'opinion qui voit dans l'*animus domini* le trait distinctif de la possession. Il n'y a rien d'étonnant qu'on ait, *utilitatis causa*, attribué exceptionnellement à un détenteur qui n'a pas l'*animus domini* la protection réservée d'ordinaire au possesseur, lorsqu'on n'avait pas d'autre moyen de le mettre en mesure de remplir sa mission. La difficulté n'en subsiste pas moins pour le gage et le précaire, parce qu'on ne voit pas pourquoi on ne leur a pas reconnu la *juris possessio* comme à l'usufruitier. Pour résoudre cette question, il faut rechercher à quelle époque s'est introduite la notion de la *juris possessio* des servitudes, ainsi que l'extension des interdits possessoires à l'usufruitier.

39. — Au temps de Cicéron, alors que la détention était encore confondue avec la possession, l'usufruitier était traité comme un possesseur. Au iiᵉ siècle de notre ère, Julien (1) lui refuse la qualité de possesseur. On peut préciser davantage. Déjà au temps d'Auguste, on se demandait comment protéger le légataire d'usufruit, lorsqu'il voulait user d'un droit de passage que le testateur avait exercé. Labéon (2) lui donne l'interdit *de itinere* utile comme à l'héritier et à l'acheteur de l'hérédité. L'argument qu'il présente pour justifier son opinion, prouve toutefois que la notion de la *juris possessio* de l'usufruitier n'existait pas encore, sans quoi il n'aurait pas eu besoin d'invoquer l'analogie de l'héritier et de l'acheteur qui

(1) Ap. Ulp. 24 *ad Ed.*, D., X, 4, 5, 1.
(2) Ap. Javol., 5 *ex Poster.*, D., VIII, 1, 20.

sont de véritables possesseurs. La concession d'un interdit utile à l'usufruitier est d'autant plus remarquable que les jurisconsultes postérieurs, depuis Julien, accordent ici à l'usufruitier l'interdit direct. Le Préteur promettait l'interdit *de itinere* à celui *qui usus est* (1); il n'exigeait pas de plus qu'on fût propriétaire.

La conclusion qui ressort de notre texte est confirmée par un fragment de Javolenus. Labéon ne pensait pas qu'il fût possible de faire tradition d'un droit de servitude. Javolenus, annotant la décision de Labéon, émet l'avis que l'usage du droit doit être tenu pour équivalent à la tradition. Or, Javolenus vivait à la fin du 1ᵉʳ siècle, il fut consul peu de temps avant 90. C'est donc vers la fin du 1ᵉʳ siècle de notre ère que l'on commença à admettre la *juris possessio* des servitudes. On ne tarda pas à en tirer la conséquence que cette possession devait être protégée par les interdits (2). C'est ainsi que certains détenteurs devinrent des *juris possessores.* Jusqu'alors l'usufruitier et l'usager n'avaient d'autres moyens de protection que les actions confessoire et négatoire. Ces actions présentent cette particularité qu'elles sont données aussi bien à celui qui a la *juris possessio* qu'à celui qui ne l'a pas (3). C'est là une différence avec la revendication; elle s'explique parce qu'à l'époque où ces actions furent établies, l'usufruitier et l'usager étaient privés de tout moyen possessoire.

40. — Revenons au gagiste et au précariste. Le précaire et le gage étaient usités bien avant l'époque où la notion de la quasi-possession fut admise. Il était indispensable de leur donner le moyen de se défendre contre les tiers et, pour le gagiste, contre le débiteur qui avait constitué le gage. On n'avait pas, comme pour l'usufruit, la ressource des actions

(1) Ulp. 70 *ad Ed.*, XLIII, 19, 1 pr.

(2) Pomp. ap. Ulp., 70 *ad Ed.*, D., XLIII, 17, 4. Vennl , 1 *Interd.*, D., XLI, 2, 52 pr. Pap., ap. Ulp., 12 *ad Ed.*, D., IV, 6, 23, 2. Vatic. fr. 90, accordent l'*uti possidetis* à l'usufruitier ; Ulp. 69, *ad Ed.*, D., XLIII, 16, 3, 13 et 14 lui donne l'*unde vi.* Ulp., *eod.*, 3, 16 et Pap., 29 *Quæ st.*, D., XXXIX, 5, 27, accordent l'*unde vi* à l'usager. Il est à remarquer que ces interdits ne sont qualifiés utiles que dans les textes qui nous sont parvenus en dehors du *Corpus juris.*

(3) Ulp., 17 *ad Ed.*, D., VII, 6, 5, 6.

confessoire et négatoire. Il n'y avait pas d'autre parti à prendre
qu'à laisser subsister quant à eux la confusion de la possession
et de la détention, et à leur conserver le bénéfice des interdits possessoires. Sans doute, lorsque les Romains eurent
conscience de la distinction de la possession et de la détention,
ils virent bien que le gagiste et le précariste n'étaient que des
détenteurs; ils continuèrent cependant à les traiter comme des
possesseurs, parce qu'ils ne concevaient pas d'autre manière
de justifier l'attribution des interdits possessoires pour protéger le gagiste et le précariste.

Lorsqu'au IIe siècle on admit la *juris possessio* des servitudes,
on aurait dû étendre cette notion au gage et au précaire, et
dès lors les protéger par des interdits quasi-possessoires. On
ne jugea pas utile de le faire, d'abord parce que les jurisconsultes avaient pour principe de changer le moins possible les
règles consacrées par la tradition, puis parce qu'on ne créa
pas une formule d'interdit applicable à tous les cas de *juris
possessio,* et qu'on aurait pu étendre au gage et au précaire.

En somme, la règle consistant à accorder au gagiste et au
précariste les interdits possessoires, n'a eu le caractère d'une
anomalie que du jour où l'on a distingué la possession de la
détention, et plus encore du jour où l'on a admis la notion de
la *juris possessio*. Anciennement, alors que la possession était
encore confondue avec la détention, c'était tout simplement
l'application du droit commun.

41. — Toutefois, il reste une difficulté à résoudre pour le
gage. Je l'ai jusqu'ici laissée de côté pour ne pas compliquer
la question. Que le précariste ait les interdits possessoires,
cela ne peut nous étonner, car le précaire eut d'abord pour
objet les fonds de terre. Mais le gagiste? Si, en droit classique,
il s'applique aux immeubles aussi bien qu'aux meubles, il
semble bien qu'à l'origine il s'appliquait plutôt aux meubles.
L'étymologie rapportée par Gaius (1) est contestable, mais elle
montre que, dans les idées des Romains, on donnait habituel-
lement en gage des choses susceptibles d'être livrées avec la
main, des meubles. Attribuer les interdits possessoires au gagiste, n'est-ce pas dire que les meubles sont susceptibles de

____

(1) 6 *ad* XII Tab., D., L, 16, 238, 2.

possession, et même, comme le gage a été usité à une époque très ancienne, n'est-ce pas dire aussi que la possession des meubles remonte à une haute antiquité?

Cette objection n'est que spécieuse. L'ancienne jurisprudence n'avait pas cherché à définir la situation du gagiste, ni à la rapprocher de celle du commodataire ou du dépositaire. Jamais on ne parle de possession ni de détention à propos du gage, du commodat, du dépôt, pas plus qu'à propos de la vente, mais on dit : *pignus dare* ou *ponere*, *rem utendam* ou *servandam dare*, *rem habere*. C'est bien plus tard qu'on s'est avisé de ramener tous ces cas à la notion abstraite de possession, et que l'on a distingué le possesseur du détenteur.

D'autre part, le gage est resté longtemps étranger à la sphère du droit. Le créancier à qui le gage était remis n'avait que le droit de le retenir jusqu'au paiement. Tant pis pour lui s'il se dessaisissait de la chose. Sans doute, le gage ainsi conçu ne procurait qu'une sûreté bien fragile; mais ce résultat est confirmé par un passage de Caton, qui présente le gage comme une garantie provisoire qu'on acceptait en attendant une caution.

A quelle époque a-t-on autorisé le gagiste à user des interdits possessoires, et spécialement de l'*utrubi?* Il n'y a pas de texte qui contienne une allusion directe à l'exercice des interdits possessoires par le gagiste : c'est par voie de raisonnement qu'on peut l'induire des fragments qui attribuent la possession au gagiste. Le principal, et en même temps le plus ancien est de Javolenus, peut-être même de Plautius, par conséquent de la fin ou peut-être du milieu du Ier siècle de notre ère. Ce renseignement concorde avec le fragment déjà cité de Pegasus, contemporain de Plautius, d'où il ressort qu'à cette époque, l'*utrubi* protégeait d'une manière générale la possession des meubles.

On doit même faire remonter au moins à la fin de la République la protection accordée au gagiste. A cette époque, en effet, le gage était sanctionné par l'action *pigneraticia* (*in factum*) (1). Le Préteur avait jugé nécessaire pour la sécurité des

(1) Alf. ap. Paul., 5 *Epit.*, D., XIII, 7, 30 cite un cas de responsabilit contractuelle. Cf. Edouard Cuq, *Institutions juridiques*, I, 637, n. 1.

relations commerciales de ne pas laisser le débiteur à la merci du créancier. Corrélativement, il devait prendre des mesures pour protéger le créancier. On a d'ailleurs la preuve qu'à cette époque la protection possessoire n'était plus restreinte aux esclaves : l'interdit *de migrando,* qui défend au bailleur d'empêcher le locataire qui a payé son loyer d'enlever ses meubles, existait au temps de Labéon (1). Le Préteur permettait au locataire d'*abducere illata,* de même qu'il permet à celui qui a possédé un esclave *majore parte anni* de *hominem ducere.* Pareillement dans l'interdit Salvien, le Préteur fait défense au fermier d'empêcher le bailleur d'enlever les *illata* (2). Or, cet interdit paraît dû à M. Salvius Otho qui fut Préteur sous Auguste (3). Si le *pignus oppositum* était protégé par un interdit portant sur les meubles du fermier, le *pignus datum* ne pouvait manquer d'être également protégé par le Préteur.

42. — En dehors du gage, du précaire et du séquestre il y a deux autres cas de possession dérivée sur lesquels les auteurs ne sont pas d'accord : la superficie et l'emphytéose. Le superficiaire et l'emphytéote n'ont pas l'*animus domini :* ils reconnaissent le droit du propriétaire du sol. Cependant ils jouissent des interdits. Ont-ils la possession ou la quasi-possession? les interdits possessoires ou quasi-possessoires?

Sans entrer dans les détails de la controverse, il me suffira de citer un fragment d'Ulpien qui permet de suivre le développement de la législation quant au droit de superficie (4). Il prouve d'abord que la notion de la *juris possessio* des servitudes était étrangère à Labéon, sans quoi ce jurisconsulte n'aurait vu aucune impossibilité à admettre la coexistence de la possession de la maison, au profit du propriétaire du sol, et de la *juris possessio* au profit du superficiaire. Ce texte prouve aussi que la distinction de la possession et de la détention n'était pas encore bien nette dans l'esprit de Labéon, puisqu'il attribue la possession aussi bien au superficiaire qu'au propriétaire du sol, suivant que la partie de la maison qui est au superficiaire apparaît ou non comme la partie principale de

---

(1) Ap. Ulp. 73 *ad Ed.,* D., XLIII, 32, 1, 4.
(2) Gaius, IV, 147.
(3) Voigt, *Das* pignus *der Römer.*
(4) 69 *ad Ed.,* D., XLIII, 17, 3, 7.

la maison. Enfin ce texte permet de fixer l'époque où l'on a admis la quasi-possession du superficiaire et l'interdit *de superficiebus* : c'est au second siècle, vers le temps de Pomponius dont Ulpien invoque l'autorité. Il est à remarquer que c'est également Pomponius qui le premier, à notre connaissance, admit la quasi-possession de l'usufruitier. C'est aussi à un contemporain de Pomponius que les compilateurs du Digeste ont emprunté la définition de la superficie (1). On a donc, à la même époque, appliqué la notion de la *juris possessio* à l'usufruit et à la superficie.

Pour l'emphytéote les textes manquent. On peut cependant conjecturer que, à l'exemple du superficiaire et de l'usufruitier, il fut considéré comme un simple détenteur vis-à-vis du propriétaire, et qu'on lui reconnut seulement une *juris possessio*.

En résumé, la distinction de la possession et de la détention n'a pas eu pour conséquence de priver tous les détenteurs de la protection des interdits possessoires. Le précariste et le gagiste la conservèrent comme par le passé. L'usufruitier et l'usager trouvèrent pendant un certain temps un équivalent dans les actions confessoire et négatoire, en attendant qu'on leur accordât les interdits utiles. Le superficiaire fut, dans certains cas, traité comme un possesseur, jusqu'au moment où on lui attribua d'une manière générale la quasi-possession. Enfin l'emphytéote eut dès l'origine, selon toute vraisemblance, la *juris possessio*.

43. — Restaient un petit nombre de détenteurs à qui l'exercice des interdits possessoires était refusé : le fermier, le locataire, le dépositaire, le commodataire, l'administrateur des biens d'autrui, l'envoyé en possession à titre conservatoire. Toutefois, ce dernier était protégé par un interdit spécial, *ne vis fiat ei qui in possessionem missus erit* (2). Les autres, lorsqu'ils étaient troublés dans leur détention ou lorsqu'on la leur enlevait par violence, n'avaient que la ressource de s'adresser au possesseur, à moins que l'acte dont ils avaient à se plaindre n'eût en même temps, à leur égard, le caractère d'une injure.

La situation faite à ces détenteurs se comprend pour le dé-

(1) Gaius, 25 *ad Ed. prov.*, D., XLIII, 18, 2.
(2) D., XLIII, 4.

positaire et le commodataire, parce que le dépôt et le commodat s'appliquent uniquement aux meubles et que la notion de
possession a été étendue aux meubles à une époque où l'on
commençait à distinguer la possession de la détention. Elle se
comprend également pour l'administrateur des biens d'autrui
qui peut exercer les interdits sinon en son nom personnel, du
moins *procuratorio nomine*. Mais pourquoi le fermier et le
locataire n'ont-ils pas, comme le gagiste et le précariste, le
droit aux interdits possessoires? Cela tient à la situation du
fermier et du locataire sous la République (1). Pendant longtemps, les Romains n'ont pas considéré la concession du droit
d'habiter la maison d'autrui comme un louage, comme un
contrat productif d'obligations. Le locataire et le bailleur n'é-
taient pas liés juridiquement l'un envers l'autre. Même en
droit classique, il subsiste des vestiges de cette conception : le
propriétaire peut, sous réserve d'indemnité, congédier le locataire, lorsqu'il a besoin de sa maison pour l'habiter ou lorsqu'il veut y faire des réparations. De son côté, le locataire
peut, à moins de convention spéciale, s'en aller quand il veut.
On conçoit qu'on n'ait pas cherché à maintenir en possession
une personne dont le droit était si fragile et qui n'occupait la
maison que d'une façon passagère.

Quant au bail à ferme, la question est encore plus simple :
il a été pendant longtemps étranger aux usages des Romains.
Introduite d'abord pour les dépendances du domaine public,
l'exploitation par fermiers ne commença à être adoptée par les
particuliers qu'au dernier siècle de la République. Jusqu'alors,
le propriétaire qui ne pouvait suffire aux exigences de la cul-
ture traitait avec un colon partiaire. Entre le colon et le propriétaire intervenait un louage d'ouvrage plutôt qu'un louage
de jouissance. Il n'y avait donc aucun motif de protéger le
colon en tant que détenteur d'une portion du fonds. Lorsque le
bail à ferme se répandit dans la pratique, on continua à traiter
le fermier comme un simple détenteur, parce qu'on avait maintenu le droit du bailleur d'expulser le preneur à son gré (2).

---

(1) Edouard Cuq, *Institutions juridiques*, I, p. 625.
(2) Avec le temps, ce droit fut limité soit par la convention des parties et
sous la sanction d'une clause pénale (Paul, 5 *Resp.*, D., XIX, 2, 54, 1), soit
par l'office du juge.

44. — La situation faite aux détenteurs, si incohérente qu'elle soit en théorie, s'explique donc par des raisons historiques. Il ne faut pas conclure de la concession des interdits à l'existence de la possession ; il ne faut pas non plus repousser le critérium fourni par les textes pour distinguer le détenteur du possesseur. Ihering (1) prétend qu'il est sans valeur pratique, parce qu'il sera impossible au juge de discerner la volonté de posséder. Mais si la recherche directe de l'intention d'un individu est chose difficile, une observation suffira pour simplifier la tâche du juge : dans la pratique, la détention au nom d'autrui est un fait relativement rare par rapport à la possession. En règle générale, la présence du *corpus* autorisera à conclure à l'existence de l'*animus* (2). Ce sera l'application d'une règle générale de la théorie des preuves d'après laquelle on considère comme démontré un fait conforme à la pratique journalière de la vie. On le considère comme démontré jusqu'à ce qu'il se présente quelqu'un qui, ayant un intérêt opposé, prouve que, dans un cas particulier, la règle est en défaut. C'est ce que nous appelons aujourd'hui une preuve indirecte résultant d'une présomption de fait (C. civ., art. 1349 et 1353). Le Code civil a préféré établir ici une présomption légale : « On est toujours présumé posséder pour soi et à titre de propriétaire, s'il n'est prouvé qu'on a commencé à posséder pour un autre » (art. 2230).

(1) *Besitzwille*, trad., p. 141.
(2) Paul, V, 11, 2.